中公新書 2591



渡辺 靖著

# 白人ナショナリズム

## アメリカを揺るがす「文化的反動」

中央公論新社刊

白人ナショナリズム†目次

図版作成　ケー・アイ・プランニング
志岐デザイン事務所（一三五頁）

# 白人ナショナリズム　アメリカを揺るがす「文化的反動」

憎しみは、憎まれた者のみならず、憎んだ者をも破壊する。

(Hate destroys the hater as well as the hated.)

——マーティン・ルーサー・キング・ジュニア

(Martin Luther King Jr.)

# 第1章　白人ナショナリストの論理と心理

第二次世界大戦期に愛国心を鼓舞した「鋲打ちロージー」(Rosie the Riveter) のスローガンを「私たちはできる！」(We Can Do It!) から「白人だからって謝らないで！」に置き換えたポスター (©American Renaissance)

## 『アメリカン・ルネサンス』

カントリーミュージックの聖地、そして近年はヘルスケア産業の集積地として急成長を遂げつつある米南部テネシー州ナッシュビル。二〇一九年五月半ば、その近郊に広がる州立公園の中にぽつりと立つホテルは、朝から異様な雰囲気に包まれていた。

厳重なセキュリティチェックを終えロビーに入ると、ジャレド・テイラーの姿があった。「ようこそいらっしゃいました」と流暢（りゅうちょう）な日本語で迎えてくれた同氏は、日本で宣教師の両親の間に生まれ、十六歳まで香川県や兵庫県で過ごした知日家。イェール大学を卒業し、パリ政治学院で修士号を取得。日米間の翻訳・通訳業で成功を収め、現在は首都ワシントンD.C.郊外に立派な邸宅を構える。物腰は柔らかで、英語も身なりも紳士そのもの。かつてハーバード大学の夏期講座で日本語を教えた経験も持つ。

そのテイラーは米国の白人至上主義の指導者的存在とされる。二〇一九年三月に知人の紹介で彼の自宅を訪ねた際、二ヵ月後に彼が主宰する雑誌『アメリカン・ルネサンス』(AmRen)の年次会合への取材参加を特別に許可された。

一九九四年から続く同会合は、当初は二年ごとに、二〇一一年以降は毎年開催され、一二年以降は同じホテルを全館貸切で利用している。民間施設が次々と白人至上主義団体を排除するなか、公立の同ホテルでは「言論の自由」を尊重する立場から利用を認めている。毎年三〇〇人ほどが集うが、同ホテルは一二〇室しかないため、参加者の多くは近隣のホテルに宿泊することになる。しかし、近年は反対派からの圧力が強まり、民泊サイトを含め、参加者の宿泊を断る業者も少なくない。

二〇一七年八月、バージニア州シャーロッツビルで白人至上主義団体と反対派が衝突。二十歳(当時)のネオナチ系青年の運転する車が反対派の中に突入し、三十二歳(同)の女性が死亡、一九人が重軽傷を負ったことから、会合期間中は一〇〇人近い州の監視員が動員され、反対派は会場から三〇〇メートルほど手前の検問所で制止されていた。黒いマスクで顔を隠した極左団体「アンティファ」(anti-fascist)を中心とする一〇〇人ほどの反対派が、出入りする車に向かって「恥を知れ!」と罵(ののし)り、車両ナンバーや運転手を撮影していた。私は

アンティファのデモを伝える地元テレビ
出所：WZTV.

ナッシュビルからスマートフォン・アプリによる配車サービスを利用したが、運転手（実直で柔和な白人男性）が気の毒でならなかった。幸い、大きなトラブルはなかったが、地元テレビによると反対派四人が治安紊乱行為の罪で逮捕された模様だ。ホテルの入り口には州の矯正局や捜査局の巨大な移送車が横付けされ、さすがに私も緊張する。ついシャーロッツビルの凄惨な映像が頭をよぎってしまう。ゆえに唯一の知人であるテイラーに会えて安堵した。

自らは白人至上主義者でないと言うテイラーだが、人権活動家などからは「洗練されたコスモポリタンの顔をした白人至上主義者」「専門家のふりをした人種差別主義者」「極右」などと糾弾され、米人権団体「南部貧困法律センター」（SPLC）は同氏が関係する「保守市民評議会」（CCC）などの団体をことごとく「ヘイト団体」（hate group）に認定。

ツイッター社は同氏のアカウントを凍結している。

## まるで学会のような雰囲気

現在、AmRenの年次会合は白人至上主義系のものでは全米最大規模とされる。日本でも有名な白人至上主義団体「クー・クラックス・クラン」（KKK）の元最高幹部デヴィッド・デュークも過去（二〇〇六年）に参加している。一六年にドナルド・トランプが大統領に当選した際、ナチスを真似て「ハイル、トランプ！」（トランプ万歳！）と連呼する動画で一躍有名になったオルトライト（新極右）の代表格リチャード・スペンサーも頻繁に参加。白人至上主義の大物論客サミュエル・フランシスも〇五年に他界するまで常連だった。

場内は盛況。米南部からの参加者が目立つが、ウィスコンシン、ネバダ、ハワイと全米各地から集まってきている。年齢層は幅広い。私に話しかけてきた青年は弱冠二十歳の大学生。聞けば三年前から参加しているという。その一方で、女性は一割にも満たない。当然ながら黒人は皆無。アジア系も私一人。中東系の青年が一人だけいて不思議に思う。

白人至上主義者といってもKKKのように白三角頭巾に白マントという出で立ちではなく、男性はネクタイとジャケットの着用が義務付けられている。学生から教授、警官、弁護士、医師、ビジネスマンまで職業はさまざまだが、参加費が二〇〇ドル（約二万円）ということもあり、低学歴・低スキルの白人、いわゆる「ホワイトトラッシュ」や「プアホワイト」を連想させる者は見当たらない。若い男性に関しては頭の側面を短く刈り上げた髪型――ナチス・ドイツの青少年団を彷彿（ほうふつ）させるとの声もある――がやや目立つものの、圧倒的多数派というわけでもない。

会合全体の雰囲気は学会に似ている。登壇者の講演、そして質疑応答が続き、パワーポイントも多用される。今回はたまたま皆無だったが、例年は大学教授による講演も少なくない。会場脇には書籍販売ブースもあり、「文明の衝突」論で知られる故・サミュエル・ハンティントン（ハーバード大学教授）が米国の多文化主義に警鐘を鳴らした『分断されるアメリカ』（*Who are We*, 2004）も平積みに。ふと、ハンティントンが南アフリカ共和国のアパルトヘイト（人種隔離政策）撤廃に反対していたことを思い出す。よくある潜入ドキュメンタリーなどで目にするおどろおどろしい雰囲気とは異なり、参加者は異邦人の私にも気さくに話しかけてくる。しかも礼儀正しい。うち三、四人からは

『アメリカン・ルネサンス』年次会合の様子

流暢な日本語で挨拶(あいさつ)され、一人は日本の大学院への留学を検討しているという。

もっとも、この会合に参加することはリスクも伴う。今回、私は「プレス」（報道関係者）としての身分で参加を許されたが、登壇者を除く参加者を正面から撮影したり、その氏名を外部にもらしたりせぬよう誓約書への署名を求められた。もし参加履歴が判明すると、解雇・退学処分になる公算が大きい。事実、私が会話した参加者の一人はテキサス州の公立学校の教員職を数年前に解かれていた。主催者側が講演を録画しているので、万一に備え、登壇者に質問する際にはジャケットで顔を覆う者もいた。私のほかに、ニューヨークにある某リベラル系有力誌の女性記者も個人の資格で参加していたが、「以前、白人至上主義者の憤りに少しだけ理解を示す表現を用いたら、アンティファのメンバーに尾行されたわ。アンティファは暴力も厭(いと)わないので、顔を隠しているのよ」と困惑していた。テイラーは参加者に対して、反対派を刺激しないよう繰り返し呼びかけていた。

ジャレド・テイラー（自宅にて）

「お前たちを俺たちの代わりにはさせない」

テイラーは「私は人種差別主義者ではない」と断言する。「「白人至上主義者」（white supremacist）という表現には白人が他の人種を支配するというイメージがありますが、いまの白人にそんな力はありません」「もし日本に外国人が数百万単位で入ってきたら、日本人は違和感を覚えませんか？　それに異議を唱えたとき、「日本人至上主義者」や「人種差別主義者」というレッテルを貼られたらどう思いますか？」「私たちは白人として、ごく当たり前の権利を主張しているだけです」「『ニューヨーク・タイムズ』紙の編集委員に任命されたサラ・ジョン（韓国生まれのジャーナリスト）は「白人が嫌いだ」と公言してもさほど批判されないのに、私たちが「ヒスパニック系が嫌いだ」と言うと「白人至上主義者」と批判されるのです」「「黒人の命は大切」（Black Lives Matter）ですが、「白人の命は大切」（White Lives Matter）でもあります」「他の人種や合法移民を米国から追い出せと主張しているわけではありません。白人が罪悪感を感じることなく堂々と生活できる空間を求めているだけです」……。

テイラーは「人種現実主義者」（race realist）、「白人擁護者」（white advocate）という呼称を好んで使う。会合では「白人ナショナリスト」（white nationalist）が多用され、かつSPLCなどの人権団体も使用している表現なので、以下、そう記すことにする。

テイラー自身は、特定の出来事によって白人ナショナリストになったわけではなく、あくまで漸次的な意識の高まりだったという。一九九〇年に紙媒体で『アメリカン・ルネサンス』を刊行し、四年後に発行母体として「新世紀財団」（NCF）を設立した。同財団の年間予算は約二〇万ドル。二〇一二年にオンライン化された同誌の閲覧者数は毎月四〇万人に上る。

しかし、活動の幅が広がるにつれ、翻訳・通訳業のビジネスの仕事は激減。かつては年五、六回訪日していたが、最近は四、五年前に訪れたのが最後だという。一〇年ほど前から米国内の大学に講演に招かれる機会もほぼなくなった。その代わりに、欧州のナショナリストから招かれる機会が増えた。「最近はポーランド、エストニア、リトアニアに招かれました。欧州の白人が抱える悩みは私たちと全く同じです」。二〇一九年三月に会った際には、「この週末はスウェーデンとフィンランドに講演に行きます」と語っていた。

ただし、後日談があり、経由地のチューリッヒ（スイス）の空港でブラックリストに引っかかり、米国へ強制送還された。二〇二一年まで欧州（シェンゲン協定加盟の全二六ヵ国）への入国が禁止されている。

それでも彼は、精力的に活動を続ける。「「建国の父」たちにとって米国が白人の国であることは自明でした。ここまで多民族化するとは想像しなかったはずです」「移民といっても

シャーロッツビルでの抗議集会
出所：Identity Evropa.

欧州系（＝白人）であれば銃所有権などの米国の魂は理解してもらえますが、アジア系やヒスパニック系には難しいでしょう。彼らの数が増えれば、やがて銃所有権は否定され、米国が米国でなくなってしまいます」「私は暴力を否定します。他の集団を排斥しようとも思いません。あくまで自分たちの尊厳を守りたいだけです。でも、それを「人種差別」と呼び、あらゆる領域で「人種差別」を探そうとする人たちの執念は凄まじい。ほとんど病的です」「ポリティカル・コレクトネス（PC、政治的タテマエ）が跋扈する米国に「言論の自由」はもはやありません。共産主義国家と同じです」「シャーロッツビルで（南北戦争時の）南軍司令官リー将軍の銅像撤去に抗ったデモ隊が連呼していた「お前たちを俺たちの代わりにはさせない」（"You will not replace us."）という言葉がまさに核心を衝いています」。

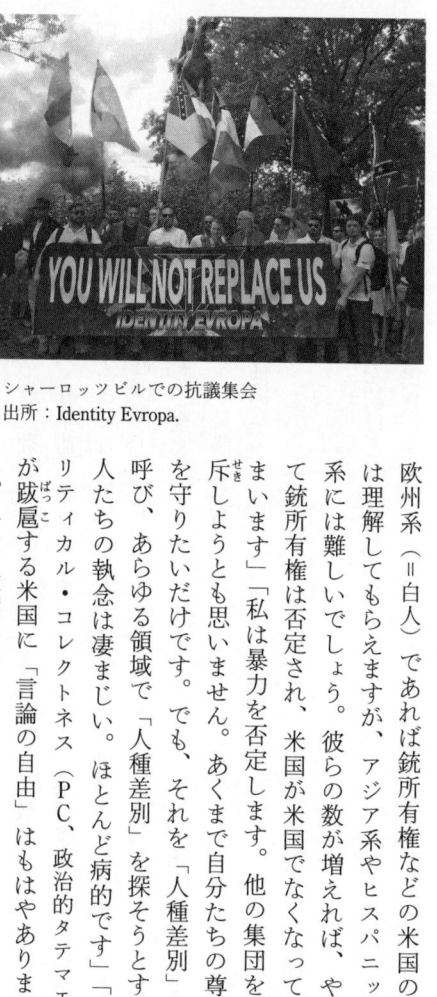

## 日本人も「北極圏同盟」に？

自分たちがリベラルな社会秩序の「犠牲者」であるという意識は、会合全体を貫く通奏低音と言ってよい。登壇者のトップバッター、パトリック・ケイシーは「アメリカン・アイデンティティ・ムーブメント」（AIM）の最高幹部。サンディエゴ州立大学（SDSU）時代の専攻は文化人類学だった。文化の多様性をとりわけ重んじる学問であることを考えると不思議でならない。二〇一九年四月に白人ナショナリズムに批判的なユダヤ系の大学教授がワシントンD.C.の書店で行った新刊記念イベントに乱入し、進行を妨害した際の動画は全米で話題となった。同氏はこの会合では、移民問題などでグローバル企業がリベラルな立場を強めていると力説した。

ここで先述した中東系の男性が発言した。「私が暮らすラスベガス（ネバダ州）ではアジア系やヒスパニック系、アフリカ系が急増しています。ロサンゼルスのようなカオスに陥らないか心配です。米社会の基層は白人文化です。私はそれを尊重しています。どの国にも基層となる集合的な文化があります。私は両親がイラン出身の移民二世です。イランの基層はペルシャ人の文化です。私はそれを誇りに思っています。米国の白人の皆さんは、是非、出生率を高めてください」。参加者から拍手が湧いたが、本人の出自を考えると私にはやや屈折した論法に思えた。休憩時間に彼と立ち話をしたが、正直、何故そこまで白人を擁護しているのか、最後までよく分からなかった。

トリを務めたのは元KKKの弁護士、サム・ディクソン。「マイノリティ支援に尽力するリベラルな白人こそ真の白人至上主義者だ。彼らの根底には強烈な人種意識とマイノリティに対する優越感がある（マイノリティに施しを与えることで白人の優越感を確認している、の意）」「白人はもっと出生率を高めるべきだ」といった挑発的な言葉が続いた。

会合には例年、「イギリス国民党」（BNP）やフランスの「国民連合」（RN、旧・国民戦線）など欧州の極右政党の関係者も登壇している。今回は「欧州文明調査研究グループ」（GRECE）の幹部、J＝Y・ルガル（元欧州議会議員）が講演し、グローバル化によって移民が増加し、賃金低下を招く一方、過度な人権意識の高まりとともに、白人が居場所を失い、西洋文明が危機に瀕（ひん）していると説いた。

会合を通して、知能指数（IQ）や出生率、貧困率、犯罪率などをもとに、アフリカやラテンアメリカなどからの移民・難民の流入を否定する論法が多い。正直、私には白人支配を正当化した往年の優生学を焼き直した疑似科学にしか思えない点も少なくない。その一方で、直接的な反ユダヤ主義の言説はほとんど耳にしなかった。この点は、反ユダヤ主義に批判的なテイラーの意向が人選に反映されているのかもしれない。

最も奇抜だったのは作家ジョン・ダービシャーの講演。ユーラシア大陸北部に起源を持つ

「VDARE」の季刊誌．シャーロッツビルの衝突事件で警察とアンティファが結託していたと風刺する表紙（2017年冬号）

移民税関捜査局（ICE）による不法入国者の取り締まり強化（上）と国境閉鎖（下）を支持する「VDARE」のステッカー

欧州人、ロシア人、中国人、日本人らの「北極圏同盟」（arctic alliance）結成を呼びかけた。意外にも、参加者の間ではロシアへの印象は必ずしも悪くない。むしろ、たとえ強権的な手法であっても、白人やキリスト教を土台とする西洋文明を防御している点を評価する向きすらある。一方で、同氏の提言に対しては、中国共産党が世界的に影響力を増している点を憂慮する声もあがった。

同氏は、日本を取り上げ、二〇一九年四月からスタートした外国人材の受け入れ拡大を危惧していた。白人ナショナリストにとっては、移民・難民が少なく均質性の高い日本社会はお手本（？）でもあるようだ。

ちなみに同氏は、二〇一二年に保守系有

力誌『ナショナルレビュー』のコラムニストの職を解かれ、白人ナショナリストの有力サイト「VDARE」に移籍している。シカゴから参加した女性がラテンアメリカからの移民児童増加に伴う教育現場での「白人への逆差別」を訴えたのに対し、同氏は一言こう答えた。「(メキシコ国境に)壁を作ろう」。場内は大きな歓声と拍手に包まれた。思わずドナルド・トランプ大統領を想起する。

### トランプ的なるものとの親和性

ところで、トランプ氏本人がどこまで明示的に意識しているかは知る由もないが、同氏の掲げる「米国第一主義」は「ペイリオコン」(paleoconservative、原保守主義者)の世界観と親和性が高い。

ペイリオコンの特徴は「黄金の五〇年代」と称される第二次世界大戦後の社会を、将来回帰すべき理想と捉える点だ。その根底には、米国が戦後の繁栄を謳歌し、公民権運動以前の、白人のミドルクラス(そしてキリスト教)中心の社会秩序を維持していた時代への郷愁がある。そして、その米国を破壊した要因としてグローバル化(自由貿易、移民の流入、多国間枠組みなど)が槍玉に挙げられる。従来の共和党の立場に比べると反移民、反多文化主義、経済ナショナリズム、非介入主義(孤立主義)の傾向が強い。トランプ氏がペイリオコンとやや異なるのは、軍備増強に積極的な点だが、同時に、同盟国に負担増を強く要求している。

ペイリオコンの思想的源流は二十世紀前半の南部農本主義など多岐に及ぶが、それらを体系化し、呼称を与えたのはユダヤ系の政治哲学者ポール・ゴットフリード（元エリザベスタウンカレッジ教授）とされる。ペイリオコンは政治的には冷戦末期から顕在化していた。共和党（一九九二年、九六年）や改革党（二〇〇〇年）から大統領選に出馬し、「米国第一主義」を掲げたパット・ブキャナンがその代表格だ。スティーブン・バノン（トランプ政権の元大統領首席戦略官兼上級顧問）やスティーブン・ミラー（トランプ政権の大統領上級顧問兼スピーチライター）もペイリオコンの系譜に連なるとされることが多い。ちなみに、政治的により先鋭化された概念として、リチャード・スペンサーとともに「オルトライト」という呼称を生み出したのもゴットフリードである。過去に少なくとも二度、AmRen の会合で登壇している。

政党としては「米国自由党」（AFP）が最もペイリオコンの立場に近い。同党は二〇一三年まで「米国第三の位置政党」（A3P）と称し、資本主義と共産主義の両方に反撥（はんぱつ）。「米国人を第一に」をモットーに「自由、主権、アイデンティティ、伝統」を重視する白人ナショナリスト政党だ。今回の会合では、同党もしっかり展示ブースを出していた。

ちょうど会合の数日前に、反移民、反EU（欧州連合）、反グローバル化を掲げるハンガ

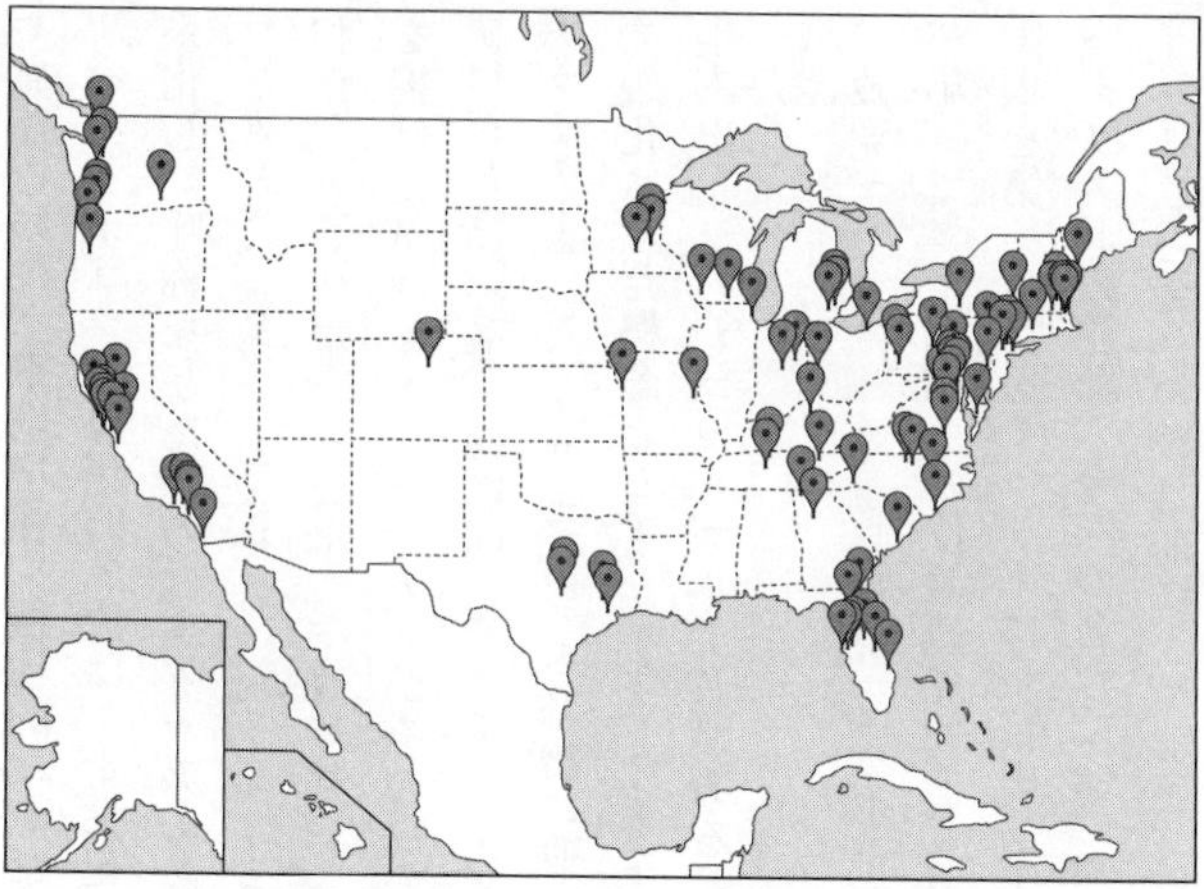

反トランプ・ヘイトマップ
出所：https://www.amren.com/archives/reports/anti-trump-hate-map/

リーのオルバーン・ヴィクトル首相が訪米したが、同氏をホワイトハウスで厚遇したトランプ氏を称賛する声が参加者から相次いだ。「白人社会」「キリスト教社会」「西洋文明」の守り手として両氏は重なるということだろうか。

周知の通り、トランプ氏自身、シャーロッツビルでの衝突事件では「喧嘩両成敗」の立場を崩さず、極右活動家らの利用停止を打ち出したフェイスブックには不満を連発した。加えて、二〇一九年七月には非白人の民主党女性新人議員——アレクサンドリア・オカシオ＝コルテス（プエルトリコ系、ニューヨーク州選出）、アヤンナ・プレスリー（黒人、マサチューセッツ州選出）、ラシダ・タリーブ（パレスチナ系、ミシガン州選出）、イルハン・オマル（ソマリア出身、ミネソタ州選出）の四人――を念頭に、「米国にいることが幸せではなく、つねに不満ばかり言っているのなら、とても単純なことで、この国を去ればいい」とツイート。「人種差別」との批判が共和党内からも上がったが、撤回や謝罪に応じることはなかった。もちろん、トランプ氏が公然と白人ナショナリストを支持することはないが、従来の大統領に比べると、彼らに対して最も寛容である。著名な黒人作家タナハシ・コーツはトランプ氏を人種としての「白人」を意識して選挙戦を勝ち抜いた「米国初の白人大統領」と批判している。

かたや、AmRen のホームページではトランプ支持者に対するヘイト犯罪を地図上に示した「反トランプ・ヘイトマップ」が掲載されている。

PUTTING AMERICANS FIRST
AMERICAN
FREEDOM PARTY
LIBERTY·SOVEREIGNTY·IDENTITY·HERITAGE
LEARN MORE ABOUT US @ AFREEDOMPARTY.US
米国自由党のバナー

## 米国自由党

AmRen の会合から二ヵ月後、ロサンゼルスに「米国自由党」代表のウィリアム・ジョンソンを訪ねた。敬虔（けいけん）なモルモン教徒で、同教が運営するブリガム・ヤング大学（ユタ州）では日本語を専攻、東北地方で二年間の布教経験を持つ。その後、ハーバード大学とコロンビア大学の法科大学院で学び、東京の法律事務所で二年間勤務。現在も企業の顧問弁護士として活躍中だ。日本と縁が深い点はテイラーと同じだが、テイラーの顧客が主に米企業だったのに対し、ジョンソンの場合は日系企業が多く、ビジネスに何ら支障はないという。親日家で長女には日本語を学ばせた。「白人ナショナリストの九九パーセントは日本が好きです」。日常生活では黒人やヒスパニック系とも親しいという。彼らの自宅や職場に押しかけ、立ち退きを求めるような真似はしない。「私は外国人恐怖症（xenophobia）でも人種差別主義者でもありません。人種的現実主義者です」。

同氏の車で日本人街「リトルトーキョー」へと昼食に向かう途中、同地区に隣接する「スキッド・ロウ」を案内してくれた。ロサンゼルス最古にして最大級のドヤ街。およそ一平方キロメートルに約一万人のホームレスが暮らす。「ようこそ米国へ。これが米国の現実です。ほとんどは黒人とヒスパニック系ですが、薬物中毒の白人も少し交ざっています。まるで第三世界でしょう？」。見渡す限りダンボールハウスやテントが路上を埋め尽くす光景を前に、返す言葉が見当たらない。ガラス張りのモダンなオフィスビルもあるが、周囲をホームレスが埋め尽くしており、テナントは皆無のようだ。

もっとも、米国研究者にとって、こうした現実そのものは目新しくはない。私が米国に大学院留学していた一九九〇年代、すでに「ミドルクラスの没落」や「米国の第三世界化」は深刻化していた。米社会論の授業では定番のトピックだった。

しかし、その対処法に関して米国自由党はひたすら過激だ。例えば、同党の綱領は次のような「自由」を謳（うた）っている（一部抜粋、抄訳）。

・外来のイデオロギーを押し付けられることなく暮らす自由

米国はリベラリズム、社会主義、文化的マルクス主義、多人種主義、フェミニズム、ネオコンサーバティズム（新保守主義）、ファシズム、コーポラティズム（協調組合主義）といった無用の「イズム（主義）」に見舞われてきた。自由社会では人びとは望むように日々の暮らしを営むのであって、モルモットのように飼い慣らされるのではない。

・国際機関からの自由

米国はNAFTA（北米自由貿易協定）、GATT（関税及び貿易に関する一般協定）、WTO（世界貿易機関）、IMF（国際通貨基金）、世界銀行、国際連合など数多（あまた）あるグローバリストの取り決めや機関に参加すべきではない。米国人はグローバリズムや帝国的覇権を奨励するのではなく、米国の雇用と利益を守る「米国第一主義」の政府を必要としている。

- 破綻（はたん）した、無用のグローバル帝国からの自由

NATO（北大西洋条約機構）から離脱し、七〇〇以上ある海外基地と一〇〇ヵ国以上に展開する部隊を大幅縮減し、他国への介入を停止すべきだ。強力な軍隊は合法的な防衛目的のためだけに維持する。武装中立こそ米外交の伝統であり、自由市民の政策である。

- 情報の自由

企業メディアによる情報の独占、規制された報道や愚劣なエンターテインメントは止めるべきだ。インターネットは政府や大企業によって一切規制されるべきではない。

そのうえで「米国自由党は「リベラル」でも「保守」でもありません。私たちは今日の破滅的な共民党（Republocrat、共和党と民主党による政治支配を揶揄（やゆ）した造語）のパラダイムを永存させてきた古くて無意味なレッテルを拒みます。私たちは米国人と米国第一主義のためにあります」と続く。またもやトランプ氏を想起してしまう。

- 「私たちの計画は米国第一です。グローバリズムではなく、アメリカニズムが私たちの

信条になるでしょう」

（共和党全国大会における指名受諾演説、二〇一六年七月）

・「こうした米国の殺戮（さつりく）（carnage）は、たった今、止まります。ここで止まります。（中略）今日、この日から、米国第一のみになります。米国第一です」

（大統領就任演説、二〇一七年一月）

・「米国は米国人によって統治されます。私たちは、グローバリズムのイデオロギーを否定し、愛国心（patriotism）の理念を受け入れたいと思っています」

（国連総会演説、二〇一八年九月）

・「私が何者かですって？　私はナショナリストです」

（遊説先のテキサス州における演説、二〇一八年十月）

トランプ氏はこのように繰り返してきた。

ジョンソンに「トランプ氏は共和党よりも米国自由党のほうが合っているのでは？」と尋ねると、「確かに、大統領になってから、私たちの立場により近くなっていると感じます」と微笑（ほほえ）む。米国自由党はかねてメキシコ国境に頑強な防御フェンスを設けることを訴えてきた。それゆえ、トランプ氏が二〇一五年六月に大統領選への出馬を表明した際、国境沿いに「万里の長城」のような壁を造り、その建設費を全額メキシコに払わせると明言したことに感銘したという。「当初、リチャード・スペンサーなどは懐疑的でした。所詮、トランプ氏も口先だけの、薄っぺらな候補者ではないかと。ただ、次第にワシントンのエスタブリッシュメントたちにも怯まない、ぶれない姿勢に惹かれていったようです」。

もっとも、ジョンソンはトランプ氏を「白人ナショナリスト」とは見なしていない。

「反人種差別主義者は反白人の隠語だ」の看板
出所：www.fightwhitegenocide.com

い。どこか表層的で、ご都合主義的な印象を拭いきれないようだ。テイラーに至っては「国境壁建設も不法移民対策も実質的には何も進んでいない」とトランプ氏への不満を隠さない。野党・民主党からは「ホワイトハウスの中のホワイト（白人）ナショナリスト」などと糾弾されるトランプ氏だが、白人ナショナリスト側の認識はやや異なるようだ。とはいえ、他に代わる強力な存在が見当たらない限り、トランプ氏を支持する声はすこぶる強い。

「でもトランプ氏支持は、結果的に、米国自由党ではなく、共和党を利しているのでは？」と尋ねると、「トランプ氏は共和党そのものを変えてくれています。なので何ら問題ありません。大統領選では私たちの党員の多くがトランプ氏を支持し、党の公認候補だったボブ・

ウィテカーも早々に撤退しました」とのこと。これも「人種的現実主義者」ゆえの割り切りなのだろうか。

ちなみにウィテカーは白人ナショナリストが好んで用いる「反人種差別主義者は反白人の隠語だ」（"Anti-Racist is a Code Word for Anti-White."）というスローガンの提唱者として知られる。もともとは経済学者で、ロナルド・レーガン政権下で連邦人事管理局（ＯＰＭ）に登用されたこともある。

実はジョンソンはトランプ陣営によって二〇一六年の共和党全国大会に出席する代議員に選出されていた。しかし、白人ナショナリズムとの接点が知れ渡ると、同陣営は「データベース上の登録ミス」があったとして撤回した。

白人ナショナリストの多くは、自分たちが大々的に支持を表明すると、トランプ氏に迷惑がかかることをわきまえている。米国大統領として（少なくとも表向きには）白人ナショナリズムを拒絶せざるを得ない現実も十分理解している。二〇一九年八月にエルパソ（テキサス州）で銃乱射事件が発生した際、トランプ氏は容疑者に関して「人種差別的な憎悪に満ちたマニフェストを投稿した。私たちは人種差別、偏見、白人至上主義（white supremacy）を非難しなければならない」と声明を発表したが、白人ナショナリスト側から表立った反撥はなかった。

## リバタリアニズムとの接点

「米国自由党は米政界では完全に泡沫（fringe）です。ただ米国で数少ない白人ナショナリスト政党、かつ米国が超大国ということもあり、実態以上に注目され、欧州の極右政党や白人ナショナリスト団体から頻繁に声がかかります」とジョンソンは笑う。党員数や予算などは公表していないが、「政党」というより「アドボカシー（政策提言）団体」に近いようだ。

ジョンソン本人は米国の市民権を白人に限定し、非白人——先住民族（インディアンやハワイアンなど）を除く——の賠償付きでの本国送還を可能にする憲法の修正条項を求める著書を一九八五年にペンネームで執筆し、連邦議員全員に送付した。当時、三十二歳。八九年にはワイオミング州の連邦下院補選に出馬するも惨敗。直後に政治活動の拠点としていた事務所が何者かによって爆破される。以後、ジョンソンは一五年近く表立った活動を控える。

二〇〇六年にアリゾナ州の連邦下院選に民主党から出馬するも敗退。二年後にはカリフォルニア州の上級裁判所（ロサンゼルス郡）の判事に立候補。前年にリバタリアンの代表格ロン・ポール下院議員（テキサス州選出）の大統領選で資金集めを手伝った縁もあり、当初、ポールはジョンソンを支持した。しかし、ジョンソンのそれまでの言動を知り支持を撤回。ジョンソンはまたも敗れた。

バラク・オバマが米史上初の黒人大統領に就任した二〇〇九年、白人ナショナリストの心理学者ケヴィン・マクドナルド（カリフォルニア州立大学ロングビーチ校教授、当時）らと「米国第三の位置政党」（A３P）を結成。マクドナルドは『オクシデンタル・オブザーバー』（OC）という反ユダヤ系オンライン雑誌の編集者として著名だ。一三年にさらなる党勢拡大を図り「米国自由党」へと改名、現在に至る。ちなみにテイラー同様、ジョンソン本人は反ユダヤというわけではなく、イスラエルも支持している。

興味深いのはリバタリアニズム（自由至上主義）との関係性だ。拙著『リバタリアニズム』でも記したように、リバタリアンは「保守」でも「リベラル」でもない。

> 厳罰化や軍備拡張に積極的な保守派も、規制強化や公共事業に積極的なリベラル派も「大きな政府」を前提としている点は同じだ。絶対王政に象徴される政府の圧政からの解放を求め、自由市場・最小国家・社会的寛容を重んじる、本来の自由主義からはどちらも逸脱してしまっている。リバタリアンこそが真の自由主義を忠実に堅持している、と自負している。
>
> （渡辺靖『リバタリアニズム』二〇一九年、一四頁）

米国自由党の綱領を見ると、連邦政府や二大政党制への不信が色濃く滲（にじ）み出ている。その点ではリバタリアンと重なる。しかし、リバタリアンは総じてグローバリズム（ヒト・モノ・カネの自由な移動）に肯定的で、個人の自由を束縛する集合主義（民族主義、人種主義、宗教原理主義、国家主義など）には否定的だ。白人ナショナリズムの立場とは大きく異なる。

リバタリアンの対極にはしばしば共同体主義、あるいは権威主義が位置づけられる。

その一方で、リバタリアンの間でも「ポリティカル・コレクトネス」（PC）への反撥は根強い。差別は良くないとしても、現実には過度なPCが「言論の自由」や「表現の自由」を萎縮させていると考えるからだ。つまり、「反PC」という点において、リバタリアンと白人ナショナリストは必ずしも対立しない。リバタリアンや白人ナショナリストからすると「保守」も「リベラル」もPC＝政治的タテマエに囚われているように映る。

ところで、「「保守」と「リベラル」のどちらが私たちに批判的だと思いますか？」というジョンソンの問いに、「当然、リベラルですよね」と私が答えると、直ちに否定される。「実は「保守」なのです。内心は白人ナショナリズムに共感しているので、その分、強く批判せざるを得ないのです」とのこと。米政治が複雑なのか、ジョンソンが屈折しているのか分からなくなる。

## 「「多様性」は白人大虐殺の隠語だ」

ジョンソンと会った週末、AmRenの会合で知己を得た夫妻に招かれ、太平洋を一望できるカリフォルニア州南部の邸宅を訪ねた。白人ナショナリストのゲスト三、四人を交えたブランチと聞いていたが、実際には二〇人以上の老若男女が集まった。特定の団体のメンバーというわけではなく、初対面同士の者も多かったようだ。「わざわざ君（＝私）が日本から来てくれたのだし、友人たちがつながる良い機会だと思うと、どんどん人数が増えてしまいました」と夫が笑う。ケータリングのメキシコ料理で簡単に昼食を済ませると、「メイン・セッション」が始まった。

冒頭、ゲストが皆で「フォーティーン・ワーズ」（14 Words）を唱えたので驚く。ネオナチ系団体のリーダー、デヴィッド・レーンが一九八〇年代に生み出した「私たちは自らの種族の存続と白人子孫の未来を守らねばならない」（"We must secure the existence of our people and a future for white children."）という一四単語のスローガン。レーンはユダヤ系のラジオ司会者を殺害し、シナゴークを爆破するなどして懲役（ちょうえき）一九〇年の判決を受けた人物だ（二〇〇七年に獄中死）。「14」はしばしば「88」という隠語と組み合わされて「1488」「14-88」のように用いられる。「8」はアルファベットの八番の文字である「H」を意味し、「88」は「ハイル・ヒトラー」（Heil Hitler、ヒトラー万歳）を意味する。私にはユダヤ人の知り合いも多い。初めて訪れた外国はイスラエルで、半年前にも再訪したばかりだった。内心穏やかではない。

「「多様性」は白人大虐殺の隠語だ」の看板
出所：www.fightwhitegenocide.com

その後、ホロコーストの史実に懐疑的な歴史家が一五分程度の講演を行い、私がコメントすることになった。せっかくの機会なので、敢えて挑発的な質問をしてみた。「日本では米国の多様性を高く評価する声が多いです。私もその一人です。同じ考えの人は世界中に多くいると思います。なので今でも米国は移住先として断トツの人気を誇っています。皆さんは白人としての尊厳を重んじますが、世界の人びとが米国に対して感じる魅力とは相容れない印象も受けます。どう思いますか？」

するとほぼ全員が一斉に挙手し、次々と発言する。「君の質問の前提が間違っていると思います。米国にあるのは多様性などではなく、第三世界からやってきた数百万人、数千万人の移民がもたらした混乱に過ぎません」「多様性を好んでいるのはビジネスだけです。そして、ビジネスの世界はユダヤ人が牛耳っています」「君が指摘する米国の偉大さというのは要するに個人主義のことでしょう。個人の自由や人権といった普遍主義と言ってもいいでしょう。ただ、人間は伝統や秩序から無縁に生きることはできません。ナショナルなものへの帰属意識や共同体としての誇りが不可欠なのです。今の米国は個人主義があまりに過剰で、白人としてのナショナル・アイデンティティが全否定されています」「ソ連もユーゴスラビアもチェコスロバキアも多文化・多民族性ゆえに崩壊しました。多様性は力などではありません」「米国の基礎を築いたのは白人です。移民はそこにただ乗りし、生活が安定すると白人批判を始めます」「学校や職場の多様性を推進する施策こそ専制的（tyrannical）で人種差別的（racist）です。トランプ氏は「世界で最も人種差別的でないのは自分だ」と発言していますが、全く正しいと思います」……。

「「多様性」は白人大虐殺の隠語だ」（"'Diversity' is a Code Word for White Genocide."）というスローガンも白人ナショナリストが愛用するスローガンだ。

「白人のエスノステートの創設が急務」

私からさらに続ける。「二〇二〇年には十八歳以下の人口の過半数が非白人となり、四〇年代半ばには白人人口が米国全体の過半数を割ると予測されています。米国の今後をどうイメージしていますか？」

またもや参加者から矢継ぎ早に意見が飛び交う。「人種や信条ごとにますます棲（す）み分けが進むと思います。互いに交わることは絶対にないと思います」「トランプ氏は昨年（二〇一八年)、「南アフリカでは白人の農地が占領され、農民が大量に殺されている」とツイートしましたが、米国でもそうなりかねません。白人のエスノステート(white ethno-state、白人のみが市民権なり居住権を持つ州ないし地域)の創設が急務です」「同感です。黒人やヒスパニック系、アジア系は自分たちのコーカス(議員連盟)を持っていますが、白人にはありません。白人が作ろうとすると「白人至上主義者」と批判されます。これは逆差別以外の何物でもありません。連邦議会に白人コーカスを作るべきです」……。ある中年女性が職場の黒人を引き合いに話をし始めたが、気持ちが高ぶったのか「黒人は猿(apes)と同じよ」と暴言を吐き、周囲から「もういいですよ」(That's enough)と諫(いさ)められていた。その一コマを除けば、まるで大学のゼミのようにテンポよく議論が進む。

講演を行った歴史家にも尋ねてみる。「白人ナショナリストの間でトランプ氏の人気は高いようですが、彼の娘イヴァンカとその夫のジャレド・クシュナーはユダヤ教徒です。また、トランプ政権の親イスラエルぶりは相当なものです。トランプ氏をどう評価していますか?」

すると意外にも手厳しい。「ただの政治屋です。核となる信念をまるで感じません。私が骨があると感じた政治家は三人。ロン・ポール、パット・ブキャナン、そしてラルフ・ネーダーだけです」。ネーダーは環境問題や消費者運動の闘士で、「米国緑の党」(GPUS)などから大統領選にも出馬し、一般的には左派に位置づけられる人物だ。「三人とも連邦政府や二大政党制に懐疑的で、軍事介入には否定的でした。グローバリズムや介入主義はナショナリズムとは相容れません」とのこと。

そして続ける。「確かに一九五〇年代の米社会は輝いていました。ただ、当時は例外的な時代でもありました。欧州や日本が戦後復興に追われていたからです。その後、米国は八〇年代あたりから没落し続けています。オバマやトランプが大統領になったのはその証です。古代ローマ帝国もアウトサイダーが皇帝になり始めてから没落が加速しました。指導者を見れば、その国の質がよく分かります」。

セッションが終わった後も三時間ほど皆と歓談した。「米国がイランと交戦するのは反対です。イランは反米国家ですが、反ユダヤ、反イスラエルでもあるので」「イスラエルがユダヤ人地区とパレスチナ人地区に明確に分離し、米国のユダヤ人がユダヤ人地区に帰還するのが最も望ましいです」「『西海岸はリベラル』という先入観から（私のこともそうだろうと思い込んだ）顧客がトランプ氏や白人ナショナリズムを批判するときは、ただ黙っています」「白人の故郷は欧州なので、欧州の移民問題にも関心があります。残念ながら英国やドイツ、フランスはもう手遅れです。今はポーランドやハンガリー、ウクライナなど東欧が主戦場です。東欧の白人ナショナリストとも連携しています」「日本人は大歓迎です。勤勉で信頼できるからです。米国にももっと増えてくれればとさえ思っています。黒人やヒスパニック系とは大違いです」……。

ホームパーティ形式だったこともあり、美しい景色を眺めながら、日が暮れるまで彼らとゆっくり懇談できた。邸宅のプールで水遊びする者、敷地内で乗馬を楽しむ者、ライフル銃で射的に興ずる者……。シャーロッツビルの衝突事件のイメージとは余りにかけ離れた現実が眼前に広がっていた。

しかし、それはあくまで明るい一面でしかない。次章で詳説するシャーロッツビルでのリー将軍の銅像撤去に対する抗議集会に参加していた者、武闘派の団体に属している者、身元を明かすことを拒む者……。部外者には容易に窺い知ることのできない重い現実があることも確かだ。

＊

白人ナショナリストの米国理解は、私が普段、学会などで見聞きするものとは大きく趣を異にしており、自分自身の知的枠組みそのものが否定される感覚に襲われる。しかしながら、確かに彼らの視点や論点は過激ではあるものの、全く理解できないわけでもない。少なくとも、彼らの主張に共振する米国が存在することは否定できない。白人ナショナリストとして彼らを一蹴し、侮蔑し、拒絶し、自らを道義的高みに置くことは容易だが、それが公正かつ賢明な態度なのかは疑わしい。近年の白人ナショナリズムの擡頭やその影響力を鑑みるとなおさらである。ましてや、それは現代に限った、あるいは米国に限った現象でもない。白人ナショナリストの声に耳を傾けつつ、彼らの論理と力学をより内在的かつ多面的に考察しようというのが拙著のねらいである。

第2章ではKKKの有力団体の最高幹部を務めたデヴィッド・デュークの活動遍歴を手がかりに、若い世代を中心とした新興の極右勢力「オルトライト」の特徴や政治との関係を検討する。

第3章では白人ナショナリズムの歴史的系譜、今日の勢力分布、ペイリオコンや米国第一主義との思想的関係など、現代米国における白人ナショナリズムの位相を考察する。

第4章では人権団体や学会からの批判、それに対する白人ナショナリストからの反論、陰謀論――さらにはリベラル国際秩序の根底にあった啓蒙主義的な理念を否定する「暗黒啓蒙」――をめぐる相克など、白人ナショナリズムをめぐる論争を検討する。

第5章では米国の白人ナショナリストと海外の極右政党や白人ナショナリスト団体との関係、白人ナショナリズムとグローバル・セキュリティの関係を考察する。過激派というとイスラムのジハード主義者を想起しがちだが、今では白人ナショナリストの動向もグローバル・セキュリティを考えるうえで看過できなくなっている。過激化予防や脱過激化の最前線を紹介するとともに、トライバリズム（政治的部族主義）の行方についても検討する。

より広く捉えれば、白人ナショナリズムの問題は「人種的、民族的多数派による文化的反動」の一例として位置づけられよう。相対的に均質性が高く、格差が小さい日本社会は欧米先進国を席捲（せっけん）している過激なナショナリズムやポピュリズムから今のところ比較的自由だが、文化的反動の兆しがないわけではない。平成時代の初期と比べて、排外的、煽動的な言説がより広く浸透しているように思われる。本書は明示的に日本の動向を深掘りすることはしないが、文化的反動をめぐる世界的潮流の中で、私たちを取り巻く言説＝政治空間を客体化、相対化する視点を提供できればと思う。宥和主義にも道徳主義にも、相対主義にも教条主義にも陥ることなく、私たちはそうした文化的反動とどう対峙（たいじ）すべきなのだろうか。

# 第2章　デヴィッド・デュークとオルトライト

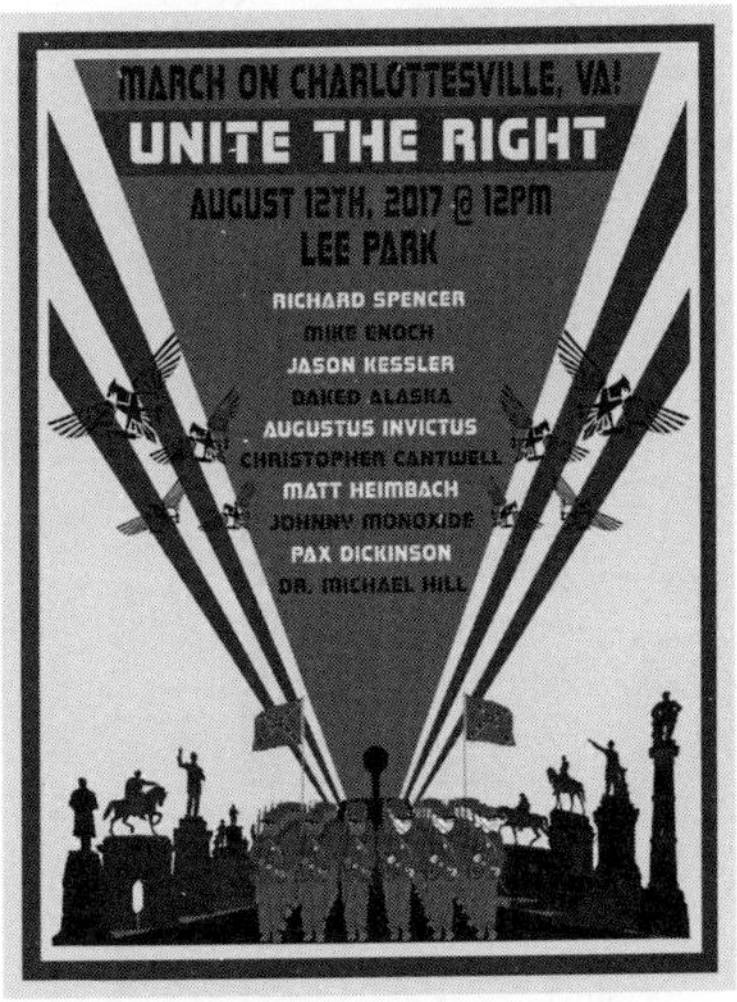


シャーロッツビルでの抗議集会「ユナイト・ザ・ライト」の宣伝チラシ

## デヴィッド・デュークとの会話

米国、いや世界の白人ナショナリスト団体の中で最も有名なのはおそらく「クー・クラックス・クラン」（KKK）であろう。とりわけ、かつてKKKの有力団体の最高幹部を務めたデヴィッド・デュークは知名度が高い。白三角頭巾と白マント、火の十字架をかざす儀式、黒人などへのリンチ、白人秘密結社……。KKKにはつねに不気味さがつきまとう。その最高幹部と言えばほとんど凶悪組織の大ボスのようなイメージだろうか。一九七〇年代のコロラド州コロラド・スプリングスのKKK系団体に潜入捜査した黒人とユダヤ人の警察官の実話をスパイク・リー監督が映画化した『ブラック・クランズマン』（二〇一八年公開、アカデミー脚色賞受賞）では、捜査官の完璧な成りすましに騙されるデュークの役を俳優トファー・

グレースが演じて話題になった。

二〇一九年八月中旬、そのデュークに国際電話で一時間ほど話を聞くことができた。AmRen の会合で知己を得た人物が仲介してくれ、ある日、突然、デュークのスタッフから翌日の対応可能な時間帯を伝えるメールが届いた。そこにはデューク本人の携帯番号も記されていた。緊張しないと言えば嘘になる。

しかし、実際のデュークは、仲介者から聞いていたように、とても気さくで、博覧強記で、多弁な人物だった。半世紀近くにわたって激しい毀誉褒貶に晒され、数々の修羅場をくぐり抜けてきた自信だろうか。言葉に重みを感じる。

開口一番、デュークは日本への敬意を口にした。「一九七〇年代に一度、訪日したことがありますが、日本の文化や自然の素晴らしさに感銘を受けました。町は清潔で、治安もすこぶる良かったです。単一人種国家（mono racial country）を訪れたのは日本が初めてでした。人種の血筋（racial heritage）が保持されている社会の偉大さに気づかせてくれたのが日本でした。日本の右翼とも会いましたが、自国の文化的喪失を危惧している点は私と全く同じで、私の問題意識が間違っていないことを確信しました」「私は三島由紀夫が好きで、特に『太陽と鉄』に描かれた彼の美学に惹かれ、武道や健康、エコロジーへの関心が高まりました」「妹は米空軍に所属していた頃に日本で勤務し、甥は日本に留学しました。是非、また日本を訪れたいです。私は歴史家でもあるので、国際関係論や歴史学に関する講演会や対談など、いつでも喜んで協力しますよ」。

その一方で、気になる発言もあった。「太平洋戦争は不幸な出来事でした。日本はフランクリン・ルーズヴェルト米大統領に石油禁輸で追い詰められました。真珠湾攻撃はルーズヴェルトが仕掛けた罠で、その背後にはユダヤ権力の謀略がありました。しかも、戦況を考えると、原爆投下は全く不要でした。あの原爆を開発したのはユダヤ人です。日本の犠牲者を心から悼みます」「日本でも肥満や糖尿病が問題になっていると聞きました。食事の欧米化と関係があると思います。グローバルな食品会社や広告会社にはユダヤ資本が多く入っています」。

## 「白人の公民権運動」

会話の冒頭、デュークのことを「白人ナショナリスト」と称していると、同氏からやんわりと訂正が入った。「私は自分を「白人ナショナリスト」や「白人至上主義者」ではなく、「人権活動家」(human rights activist) だと思っています。全ての民族 (nation) の尊厳と自立、自決が保証されるべきです。最も大切なことは選択の自由です。グローバルな権力 (power) によって強制されてはならないのです」。

そして続ける。「この原則は当然、白人にも当てはまるはずです。ところが、実際には反白人の陰謀論（anti-white conspiracy theories）がユダヤ系のメディアや人権団体によって流布され、白人が悪魔化（demonize）されています」。ここでもユダヤ問題に帰結するようだ。

敢えてデュークに問いかけてみる。「しかし、例えば、これまでの米大統領はオバマを除き全員白人だったのでは？」すると「白人大統領だからといって必ずしも白人のことを考えるとは限りません。選挙で勝利するためにはむしろ反白人の立場をとる方が有利に働きます。私は何度も選挙に出馬しているので、そのことはよく知っています」とのこと。

米国の将来についてデュークはこう述べた。「歴史家として指摘できるのは、これまで歴史を左右してきた大きな要因は人口動態だという点です。その意味で、米国にとって移民政策は死活的に重要で、トランプ大統領の認識はすこぶる正しいです」「白人の公民権運動（white civil rights movement）は民族自決の原則に合致するものですし、今後、さらに拡大してゆくでしょう。特定の州や地域を人種ごとに分けてしまうのも一案です。その場合、もちろん、例えば、白人の地域に黒人が暮らす権利は否定してはなりません。ただ、その地域のルールは守ってもらうということです。黒人の地域に暮らす白人についても同じです」。

デュークは多忙な日々を送っている。二〇一六年の大統領選では「トランプ氏に投票しないことは、あなたの血筋（heritage）に対する裏切りです」と述べ、トランプ氏への支持を表明した。トランプ氏が直ちにその支持受け入れを拒否する声明を出さなかったことが波紋を呼ぶとともに、デュークの影響力の大きさが改めて浮き彫りになった。デュークはトランプ氏が直ちに拒否しなかった点を評価している。

二〇一七年のシャーロッツビルでの抗議集会にも参加し、「私たちの国を取り戻すというトランプ大統領の公約を実現するための転機だ」とコメント。トランプ氏が白人ナショナリストと反対派の「双方」に非があると発言したことを受けて「トランプ大統領ありがとう。シャーロッツビルの真実を語り、そしてブラック・ライブズ・マター（Black Lives Matter、黒人人権保護運動）とアンティファ（anti-fascist、極左団体）の中にいる左派テロリストを強く非難したあなたの正直と勇気に感謝します」とツイートした。白人ナショナリストが話題になるたびにメディアからコメントを求められる。

デュークは海外活動にも積極的だ。「ウクライナの大学で国際関係論や歴史学の講義を担当しました。先日はメキシコでも講演しましたが、六〇〇人近い学者が集まり大盛況でした」「イランやシリア、ロシアでも講演し、米国の政治や外交がユダヤ人によって牛耳られている点を指摘しました。二〇一六年の大統領選でヒラリー・クリントン（民主党候補）への献金額が多かった上位二〇団体中一八がユダヤ系の金融機関などでした。主要メディアもこぞってヒラリーを支持しましたが、その多くはユダヤ系です。米政治が民主的というのは全くのフェイクです。私はイラク戦争に猛反対しました。あれはユダヤ人とネオコンの謀略だったからです。同様に、今はイラン情勢を危惧しています」。やはりユダヤ問題に辿り着く。

一時間ほどの会話だったが、ユダヤ問題への執心の強さは十分に伝わってきた。また、自らを「歴史家」と認識している点、そして「非暴力主義者」であると繰り返していた点も興味深かった。最後に私的なメールアドレスを教えてもらい、その後、何度かやり取りした。

シャーロッツビルの抗議集会で演説するデヴィッド・デューク
出所：USA Today.

## KKKから政治家へ

デュークの軌跡を辿ることは今日の白人ナショナリズムの位相を理解するうえでも有益だろう。二〇一六年の大統領選や翌年のシャーロッツビルでの衝突事件で注目を集めるようになったオルトライトの原型はデュークに求めることもできるからだ。

デュークは一九五〇年に米南中部オクラホマ州タ

ルサで生まれた。シェル石油の社員だった父親の転勤で、家族とともにハーグ（オランダ）で過ごした後、五五年に南部ルイジアナ州ニューオーリンズに移り住んだ。母親はアルコール依存症で、黒人の家政婦が一人いたという。デュークは現在もニューオーリンズ近郊で暮らしている。

ナチスの軍服姿でデモ行進する学生時代のデューク（1970年）
出所：Courtesy of The Historic New Orleans Collection.

十四歳だった一九六四年には極右団体「米国市民評議会」（CCA）の会合に参加、三年後にはKKKに入会した。六八年にルイジアナ州立大学に入学したが、ナチスの軍服姿でキャンパスを闊歩し、弁舌を振るった。七〇年には「白人青年同盟」（WYA）という学生団体を設立。同団体は「国家社会主義白人党」（NSWPP）の下部組織で、NSWPPの前身は「米国ナチ党」（ANP）だった。二十三歳の時に米国の三大ネットワークの一つ、NBCテレビでトム・スナイダーが司会を務めた人気インタビュー番組「トゥモロー・ショウ」に出演している。

大学を卒業した翌年の一九七五年、デュークは「クー・クラックス・クランの騎士」（K

ＫＫＫ）を設立し、最高幹部の称号である「グランド・ウィザード」（Grand Wizard、「大魔術師」の意）を自らに用いた。日本ではデュークがＫＫＫ全体の最高幹部であるかのような記述が散見されるが、あくまで「ＫＫＫの有力団体」の代表である。ＫＫＫに連なる（ないし連なろうとする）団体は多く存在するが、それらを高次で統括する団体や組織、個人は存在しない。

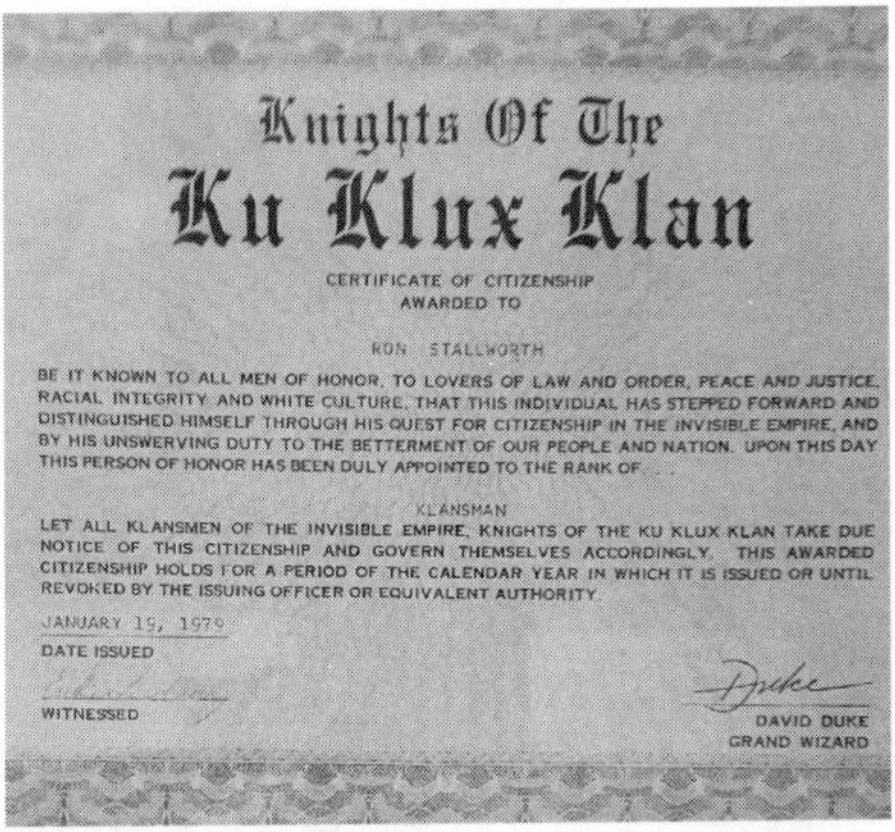

Knights Of The
Ku Klux Klan
CERTIFICATE OF CITIZENSHIP
AWARDED TO
RON STALLWORTH
BE IT KNOWN TO ALL MEN OF HONOR, TO LOVERS OF LAW AND ORDER, PEACE AND JUSTICE, RACIAL INTEGRITY AND WHITE CULTURE, THAT THIS INDIVIDUAL HAS STEPPED FORWARD AND DISTINGUISHED HIMSELF THROUGH HIS QUEST FOR CITIZENSHIP IN THE INVISIBLE EMPIRE, AND BY HIS UNSWERVING DUTY TO THE BETTERMENT OF OUR PEOPLE AND NATION. UPON THIS DAY THIS PERSON OF HONOR HAS BEEN DULY APPOINTED TO THE RANK OF . . .
KLANSMAN
LET ALL KLANSMEN OF THE INVISIBLE EMPIRE, KNIGHTS OF THE KU KLUX KLAN TAKE DUE NOTICE OF THIS CITIZENSHIP AND GOVERN THEMSELVES ACCORDINGLY. THIS AWARDED CITIZENSHIP HOLDS FOR A PERIOD OF THE CALENDAR YEAR IN WHICH IT IS ISSUED OR UNTIL REVOKED BY THE ISSUING OFFICER OR EQUIVALENT AUTHORITY.
JANUARY 19, 1979
DATE ISSUED
WITNESSED
DAVID DUKE
GRAND WIZARD

KKKKへの入会証（右下にデュークの署名がある）
出所：Courtesy of Melbourne High School.

デュークはそれまでのＫＫＫ系団体とは異なり、「牛の牧草地を出てホテルの会議場へ向かう」ことを重視した。つまり、スーツを着こなし、都会的で、洗練された振る舞いをすることで、ＫＫＫの粗野で過激なイメージを払拭しようとした。また、反ユダヤ色を強め「ＫＫＫのナチ化」を推し進める半面、反黒人色を弱め、女性などの入会も積極的に認めた。最盛期には会員が約一五〇〇人、賛同者が約一〇〇〇〇人いたとされる。

しかし、ＫＫＫＫ内部ではデュークの自己

顕示欲、女性問題、資金の私的流用などへの不満が増大、加えて、一九七九年十一月にはノースカロライナ州グリーンズボロでKKKと「国家社会主義白人党」のメンバーが反KKKの抗議集会を襲撃、五人を殺害する事件が起きた。デュークはこうした状況に辟易し、八〇年にKKKを脱退。翌年、「全米白人地位向上協会」(NAAWP)を設立した。公民権運動を牽引した「全米有色人種地位向上協会」(全米黒人地位向上協会、NAACP)を意識していることは明白だが、KKKとは異なり、暴力ではなく知的武装を重視し、マイノリティへの憎悪ではなく、「白人の権利」「キリスト教徒の権利」を前面に押し出した。さらに八七年には整形手術(鼻を細くし、顎を広げるなど)を行い、髪を染め、伸ばしていた髭を剃り落とし、身なりに気を使うなど、自身のイメージチェンジも図った。

一般市民への訴求力を高めようとするデュークの試みが実を結んだのは一九八九年。ルイジアナ州議会下院補選に共和党から出馬し、約二百票の僅差で初当選を果たした。党内からも激しい反撥や妨害を受けつつも、選挙戦では人種差別的な発言を抑え、反人工妊娠中絶、反強制バス通学(学校現場での人種統合策、一三七頁参照)、反アファーマティブ・アクション(積極的差別是正措置)、反増税、治安強化などを唱え続けた。米政治において「反増税」という言葉には「反福祉国家」の含意があり、ときにマイノリティ差別の隠語となり得る。「治安強化」も然りで、「犯罪者=マイノリティ(特に黒人やヒスパニック系)」との含意を前提にしている場合が多い。

もちろん、オブラートに包む政治話法はデュークに始まるわけではない。例えば、リチャード・ニクソン大統領（在任期間一九六九〜七四年）が六八年の選挙戦で掲げた「法と秩序」の回復は公民権運動やベトナム反戦運動への対抗言説としての含意があった。ちなみに「法と秩序」はトランプ氏も二〇一六年の選挙戦で用いており、ブラック・ライブズ・マターやアンティファへの牽制と見る向きも多い。

州下院議員としてのデュークの実績は乏しく、二年間の在任中に提出した法案は一件のみ（しかも不成立）だったが、一九九〇年にはルイジアナ州選出の連邦上院選、翌年にはルイジアナ州知事選に共和党から出馬。どちらも敗れはしたものの、前者では約四三パーセント、後者（決選投票）では約三九パーセントの票をそれぞれ獲得した。白人票に限ればどちらも過半数を得ていた。もはや単なる異端政治家ではなくなっていた。

デュークが最初に公職に立候補したのは一九七五年。二十五歳でルイジアナ州議会上院選に挑んだ時だった。その後、七九年に再挑戦し、八八年には大統領選に出馬している（以上、すべて民主党から出馬）が、いずれも泡沫候補だった。また、九二年の大統領選、九六年の連邦上院選、九九年の連邦下院補選、二〇一六年の連邦上院選にも挑戦している（以上、すべて共和党から出馬、連邦議会議員についてはルイジアナ州から）が、いずれも精彩を欠いた。

デュークの変遷（左から，KKK時代，KKKK時代，政治家時代，近影）
出所：Southern Poverty Law Center.

つまり、一九八〇年代後半からの数年間が「政治家」としてのデュークの最盛期だったと言えよう。

## そして、「デューク博士」へ

二十一世紀に入ってからのデュークの軌跡はなかなか波瀾万丈である。二〇〇二年には税金・郵便詐欺で逮捕、テキサス州の連邦刑務所に一五ヵ月間収監された。影響力の低下が予想されたものの、出所直後に行われた集会には三〇〇人以上の支援者が集った。〇二年に白人ナショナリストの有力団体「ナショナル・アライアンス」（NA）を創設したカリスマ的存在、ウィリアム・ピアースが亡くなり、白人ナショナリストの内紛や分裂が激しくなっていた。デュークは出所後の〇四年の集会で、三ヵ条からなる「ニューオーリンズ議定書」（New Orleans Protocol）を起草、会合に参加していた有力団体の六人のリーダーがそれに署名した。三ヵ条とは、①暴力への不寛容、②議定書に賛同した団体間の礼節ある対応、③品位ある言動を指す。ピアースに代わる草の根運動の牽引役としてデュークは一定の存在感を示した。

その一方で、二〇〇五年にはウクライナにある私学の人事管理地域間アカデミー（MAUP）から歴史学の博士号（Ph. D.）を取得。学位論文の題目は「民族至上主義の一形態としてのシオニズム」（Zionism as a Form of Ethnic Supremacism）で、〇三年に出版した著書『ユダヤ人至上主義』（*Jewish Supremacism*：未邦訳）同様、反ユダヤ色が濃い内容だった。そもそも同アカデミー自体、ユダヤ陰謀論やホロコースト否定論を流布していると米国のユダヤ系人権団体などから批判が絶えず、とりわけ歴史学の博士課程プログラムはウクライナ政府から正式な認可を受けていない有様だ。とはいえ、デュークにとっては「歴史家」「学者」を名乗る契機となり、実際、彼のスタッフから私に届いたメールにも「デューク博士」（Dr. Duke）と記してあった。これまでに何度か同アカデミーで国際関係論や歴史学の講義を担当している。

「学者」としての箔（はく）がついたことで、「政治家」時代は抑制していた反ユダヤの言説はより大胆になった。白人ナショナリスト系では最古参のウェブサイト「ストームフロント」にも積極的に投稿するようになった。同サイトはKKKでデュークの部下だったドン・ブラックらによって一九九五年に創設。ブラックらはデューク引退後にKKKの「グランド・ウィザード」を引き継いだ人物で、妻はデュークの前妻である。同サイトのトップページには次のように記してある。

私たちは人種的な現実主義者（realists）であり理想主義者（idealists）です。黒人、ヒスパニック系、アジア系、そしてユダヤ系のナショナリストは堂々と自分たちの人種の利益を擁護しています。米国の納税者はユダヤ人の民族国家であるイスラエル擁護を余儀なくされているほどです。私たちは真の多様性と全ての民族の故郷を擁護する白人ナショナリストです。そこには私たちの故郷も含まれます。私たちは新たな、追い詰められた（embattled）白人マイノリティの声です。

（https://www.stormfront.org/forum/、傍点は原文の強調部分）

デュークは二〇〇九年にはチェコ、一一年にはドイツ、一三年にはイタリアから国外退去を命じられている。ネオナチを勢いづかせかねないとの懸念からだった。

その一方で、ロシアや中東諸国との関係は深まっている。一九九五年にロシアを初訪問して以来、ロシアの極右団体と友好的な関係を維持しており、ロシアでの著書『ユダヤ人至上主義』の売れ行きも好調だった。九九年頃からモスクワにアパートを借りていたとの報道もある（『ロサンゼルス・タイムズ』紙、二〇〇一年一月六日付）。デューク自身、「ロシアで五年間暮らしたことがある」とツイートしている（一七年二月十六日）。また、〇五年にはシリアを訪れ、テレビのインタビューでイスラエルの対外政策を「ナチス国家がとても、とても穏健に見えるほど」だと痛烈に批判。対イスラエル強硬姿勢を貫くバッシャール・アル＝アサド大統領を強く支持している。同様に、〇六年にはイランのアフムード・アフマディネジャド大統領（当時）が主催した「ホロコースト再考」をテーマとする国際会議に招聘され、ホロコーストを「シオニストの帝国主義、シオニストの侵略、シオニストのテロ、シオニストの殺人を支えるための考案品（device）」と一蹴した。

イランのアフマディネジャド大統領（当時）と面会
出所：The Algemeiner Journal.

二〇一六年の大統領選でトランプ氏を支持したことは先述した通りだが、一八年のブラジルの大統領選では、移民の受け入れ制限の主張や性的少数者や女性への蔑視発言から「ブラジルのトランプ」と呼ばれる極右の元軍人ジャイル・ボルソナーロを支持。「完全に欧州系の出自で、米国やポルトガル、スペイン、ドイツ、フランスにいる白人と同じ外見で、ブラジルの人口動態上の災難やリオデジャネイロの黒人地区の劣悪な治安を語っている」というのがその理由だが、ボルソナーロは直ちに支持を受けることを拒否している。

興味深いことにデュークは、二〇二〇年の大統領選へ向けた民主党内の予備選では女性の連邦下院議員トゥルシ・ギャバード（ハワイ州選出）を支持した。連邦議会初のサモア系であり、ヒンズー教徒である同氏は、いわば多様化する米国の象徴とも言える人物だ。イラク駐留経験がある退役軍人で、民主党全国委員会副委員長も務めた。これだけだとデュークが支持する理由はないように思われる。

しかし、ギャバードは「中東に派遣された元軍人として戦争の代償を経験した」ことから、イラク戦争開戦を支持したヒラリー・クリントン元国務長官を批判、二〇一六年の大統領選の党内予備選では軍事力行使に慎重なバーニー・サンダース上院議員を支援した。一七年にはシリア内戦の平和的解決策を探るべくシリアを訪問し、アサド大統領と面会した。民主党員とはいえ、シリア内戦で穏健派の反体制勢力を支援したバラク・オバマ大統領には批判的だ。デュークはこうしたギャバードの姿勢を「反ネオコン」として評価している（「ネオコン」という言葉には「グローバリスト」や「シオニスト」というイメージが付きまとう）。もちろん、ギャバードも直ちにデュークの支持を受けることを拒否している。

デュークは若い頃からメディアを通した発信に積極的だった。同氏のウェブサイトにはグッズ販売のコーナーもあり、著書や講演DVDのみならず、自身の名前を印字した帽子やTシャツ、スウェット、自身が撮影した風景写真まで扱っている。ほとんどセレブのようである。ニューオーリンズ近郊にある自宅兼事務所には収録スタジオが併設されており、頻繁に持論を配信している。ただし、動画投稿サイト「ユーチューブ」(YouTube) のチャンネル登録者数は約八万六〇〇〇人、ツイッターのフォロワー数は約五万二〇〇〇人と知名度の割には少ない（二〇二〇年四月二十二日現在）。

つねにその動向が注目され、また注目を集める言動を続けていることから白人ナショナリストの間では、同氏を自分たちの代弁者と見なす向きもあれば、逆に、自己顕示欲や注目願望の強さを嫌う声も聞かれる。ツイッターのプロフィール欄には「デヴィッド・デューク博士——元ルイジアナ州下院議員&歴史学 Ph. D.。著書三冊、読者五億人、二二言語に翻訳。世界で最も読まれ、引用された一〇〇人の一人。ビデオ再生回数二〇億回」と記されている。

ユーチューブもツイッターも白人ナショナリストのアカウントを凍結する方針を打ち出しているものの、いまだにデュークやスペンサーなど一部の有力者のアカウントは存続している。幅広いテーマを扱っていることもあり、直ちにガイドラインに抵触するとは判断しにくい、閉鎖してもすぐに別のアカウントが立ち上がる、といった事情があるようだ。

デュークを含め、約六〇〇人の白人ナショナリストが参加したとされる二〇一七年のシャーロッツビルでの抗議集会だが、注目を集めたのは「ユナイト・ザ・ライト」(Unite the Right)と称する、右派の団結を呼びかけた同集会の発起人たちの若さだった。宣伝チラシ(章扉参照)には一〇人の名前が記されているが、三十代(当時)が中心で、世代交代を広く印象付けた。発起人の先頭に名を連ねていたのはリチャード・スペンサーで、当時三十九歳。シャーロッツビルにあるバージニア大学で英文学と音楽を専攻した後、シカゴ大学で修士号(人文学)を取得し、デューク大学の博士課程(近代欧州思想史)に一時期在籍していた。いずれも名門大学だ。現在はバージニア州アレキサンドリアを拠点とするシンクタンク「ナショナル・ポリシー・インスティテュート」(NPI)の代表を務めている。政治哲学者ポール・ゴットフリードとともにペイリオコンの思想を政治的により先鋭化させた「オルトライト」という概念を生み出したことは前章で述べた。発起人以外にも同じく前章で紹介したパトリック・ケイシーや後述するマイロ・ヤノプルスなど、デュークやジャレド・テイラー、ウィリアム・ジョンソンの世代より一回りも二回りも若い世代が目立つ。

私がヒアリングした関係者の見解を総合すると、二〇〇五年頃には白人ナショナリストはリーダー不在の状態に陥っていたようだ。ピアースやリチャード・バトラーなど公民権運動に抗ったカリスマ的存在の他界後、白人ナショナリストの内紛や分裂が深刻化し、デュークが主導した「ニューオーリンズ議定書」の影響力も限定的だった。そうしたなか、一五年前後からリーダー不在の空白を埋めるがごとく擡頭したのが「オルトライト」というわけだ。

代表的なオルトライトである（左から）マイク・エノック，マシュー・ハインバック，リチャード・スペンサー．３人はシャーロッツビルの抗議集会の発起人でもあった
出所：Christogenea Forum.

2016年の大統領選の最中（８月26日）に訪日し，靖国神社を参拝するスペンサー
出所：本人のツイッターより．

オルトライト系のツイッターの頻出単語のワードクラウド
出所：VOX-Pol Network of Excellence, 2018.

とはいえ、「オルトライト」という特定の団体があるわけではない。あくまで白人の文化が「取って代わられること」(replacement) に抗う諸々の団体や個人の緩やかなネットワークに過ぎない。「ユナイト・ザ・ライト」の発起人を務めたスペンサーやマイク・エノック、ジェイソン・ケスラー、マシュー・ハインバックなどはメディアへの露出も多いが、オルトライトの「代弁者」や「世話役」ではあっても、「幹部」や「権力者」というわけではない。

加えて、そうした「代弁者」ら強硬派とは距離を置く「軽いオルト」(Alt-Lite。オルトライト＝Alt-Rightの発音に引っ掛けた表現) と称される穏健派も少なくない。彼らにとってシャーロッツビルでの抗議集会は、あくまで南軍の英雄たちの銅像を撤去しようとする「ポリティカル・コレクトネスの過剰」に対する抵抗であって、必ずしも反移民、反ユダヤ、反フェミニズム、反LGBTQ (性的少数者) の言説に与(くみ)しているわけではない。逆の言い方をすれば、それだけ潜在的な「オルトライト」の裾野は広いことになる。オルトライト系の有力ツイッターの投稿内容を分析したJ・M・バーガー（VOX-Polリサーチフェロー）によると、それらの文章の中ではトランプ氏が大統領選で用いたスローガンである「米国を再び偉大に」（Make America Great Again）の略語「MAGA」が最も出現頻度が高い（"The Alt-Right Twitter Census", VOX-Pol Network of Excellence, 2018）。「MAGA」そのものはもはや米社会で人口に膾炙した一表現に過ぎず、彼ら特有のスローガンというわけではない。

## 旧世代との類似点と相違点

「オルトライト」（Alt-Right）は「もう一つの右翼」（alternative right）の略語だが、主張内容そのものは旧世代の白人ナショナリストと大きく異なるわけではない。例えばスペンサーの場合、「白人の帝国」（white race empire）や「白人のシオニズム」（white Zionism）を唱えるなどレトリックは挑発的だが、「白人のエスノステート」に象徴される白人分離主義を指向している点は変わらない。米国ナチ党の創設者ジョージ・リンカーン・ロックウェルを賞賛している点、欧州やロシアの極右団体とも親しい点、ネオコンや介入主義に否定的な点、フェミニズムに批判的な点、日本社会の同質性を高く評価している点なども然りだ。

さらに言えば、ネオナチ色の強い過激な言動が警戒され、欧州のほとんどの国から入国拒否されている点、共和党や保守派から拒絶されている点なども旧世代と変わらない。やや独特なのは、白人に有利に働くという理由から国民皆保険や人工妊娠中絶に賛同している点、自らは無神論者であり、民族や人種に根ざした宗教ではなく普遍的な世界宗教であるという理由からキリスト教の伝統や価値をさほど重視していない点あたりだろうか。いずれにせよ、デュークやテイラー、ジョンソンら旧世代はオルトライトの若い世代とさまざまな接点を有しており、互いに認め合っている。

とはいえ、世代差ゆえ、問題意識そのものは似ていても、支持拡大へ向けた手法は異なる。例えば、過激なイメージやメッセージを前面に出し、それに反応する人びとを仲間に加えてゆく旧来の手法では広がりに限界があるとして、むしろ主義主張に対する心理的障壁を下げることを念頭に置いたソフトな手法が主流となっている。ホームページもおどろおどろしい雰囲気はなく、時事ニュースやコラムを中心に構成されているものが目立つ。フィットネスやガーデニング、料理、子育て、芸術、資産運用のコーナーがあるなど、ある種のコミュニティ感すら漂うものも少なくない。KKKなどでは軍隊をモデルにした上意下達の組織運営が目立った——事実、退役軍人が関与しているケースが多い——が、それではデジタル・ネイティブの若い世代の心と知性を惹きつけることは覚束(おぼつか)ない。

また、若い世代といっても、いわゆる「ホワイトトラッシュ」や「プアホワイト」、あるいは不良の若者というよりも、ごく平均的な高校生や大学生、あるいは安定した職業に就いている若者を主たる対象にしている。そうすることによって、自らの団体や活動への信頼性や訴求力を高めることができるからだ。ユダヤ系の人権団体「名誉毀損防止同盟」（ADL）の調査によると、近年、白人ナショナリスト団体による大学キャンパス周辺での宣伝活動（チラシやポスター、旗など）が活発化しており、反対派とのトラブルなどの報告件数は二〇一七年には四二一件だったのが、一八年には一一八七件に急増している（"White Supremacists Step Up Off-Campus Propaganda Efforts in 2018", March 2019）。

二〇一〇年あたりからは白人男性の同性愛者への働きかけも強化している。ヤノプルスやジャック・ドノバン、ジェームズ・オメーラなどはゲイであることを公言するオルトライトの有力な「代弁者」である。欧州に比べると同性愛に不寛容だった米国の極右勢力だが、性的指向よりも、むしろ反移民や反フェミニズムという観点から連携を深めている（Donna Minkowitz, "How the Alt-Right Is Using Sex and Camp to Attract Gay Men to Fascism", *Slate*, June 5, 2017）。

加えて、例えば、「ナチスの鉤十字」ではなく「白人のアイデンティティ」や「白人の血筋」を、「ユダヤ人のメディア」や「ユダヤ人の世界的陰謀」ではなく「リベラル・メディア」や「グローバリズム」を用いるなど、表現そのものも婉曲化し、ソフトになっている。「白人であってもいいのです」（It's okay to be white.）といった表現を用いると敏感なメディアや人権団体は反撥するが、オルトライトはその反撥を逆手に取って、メディアや人権団体こそが「反白人」であると一般市民に訴えやすくなる。また、意図的に民家にチラシを配布することもある。驚いた住民が警察に通報し、ソーシャルメディアに投稿し、メディアが取り上げれば、さらに宣伝効果が増すという。実に巧妙な広報戦略だ。

おそらく最も特徴的な点はオンライン・コミュニティの積極的な活用だろう。若い世代のインターネット依存度が高まっている点を考えれば当然だが、日本の「2ちゃんねる（現・5ちゃんねる）」などに相当する匿名掲示板サイトの「4chan」や「レディット」（Reddit）、無検閲の投稿サービス「ギャブ」（Gab）などが広く利用されている。「4chan」よりも過激な投稿が多かった「8chan」については、二〇一九年八月にテキサス州エルパソでメキシコ人やヒスパニック系ら二二人が二十一歳（当時）の白人男性に銃殺された事件を受け、プロバイダーがサービス提供を停止した。容疑者が犯行の二〇分前に同サイトに「マニフェスト」を投稿していたことが明らかになったからだ。ちなみに同年三月にクライストチャーチ（ニュージーランド）のモスクで銃乱射事件（五一人が死亡）が発生した際も、実行犯であるオーストラリア人の白人男性が同サイトに「マニフェスト」を事前投稿していた。ゲーム特化型チャットソフトウェアの「ディスコード」（Discord）も人気を博していたが、シャーロッツビルでの衝突事件を受けて白人ナショナリスト系のサーバーは閉鎖された。

## 「カエルのぺぺ」も

KKKやネオナチの格好をしたぺぺのミーム
出所：YouTube.

匿名性が高いほどオンライン上での行動は大胆かつ執拗になる。特定の記事やその執筆者に対する匿名の誹謗中傷、デマの拡散、個人情報の晒し上げなど、いわゆる「荒らし（トロール）」に積極的なのはオルトライトも同じだ。

また、画像を加工したパロディやアイロニー、いわゆる「インターネットミーム」の使用に長けているのも若い世代ならでは。最も有名なのは「カエルのぺぺ」（Pepe the Frog）だろう。もともとはマット・フュリーの漫画『ボーイズ・クラブ』（*Boy's Club*）に二〇〇五年から登場したカエルの擬人化キャラクターで、さまざまな表情を持つミームとしてサブカルチャーの世界で人気を博していた。ところが一五年頃から「4chan」や「レディット」などでオルトライトによって多用されるようになり、いつしかぺぺは彼らのトレードマークになってしまった。トランプ氏も一五年十月に自分に似せたぺぺの画像を投稿したツイートにリツイートし、物議を醸した経緯がある。

ミームを用いることで堅苦しいイメージやメッセージも茶化すことができる。この茶化しの感覚こそが肝で、「ポリティカル・コレクトネス」はおろか、「保守」も「リベラル」も、さらには米国を支えてきた制度や規範そのものすら茶化しの対象となる。

ペペのミームを利用したトランプ氏のツイート（2015年10月13日付）

加えて、オンライン上での加工や拡散が容易いため、普通の人びと――オルトライト好みの表現を使えば“normies”＝日本語の「パンピー」に近い――の関心や好奇心にも訴えやすい。こうしたパロディやアイロニーの根底に加速主義（accelerationism）や暗黒啓蒙（dark enlightenment）など、欧州の思想的影響を指摘する向きもあるが、その点は第3章で考察したい。

このようにオンライン・コミュニティを通した支持拡大に積極的な一派がいる一方で、「ユナイト・ザ・ライト」の発起人たちのように、それでもやはり街中での示威行為に注力する一派もいる。なかには「白人の生存のため」なら暴力を厭わない武闘派の団体もある。

例えば、ロサンゼルスを中心とする南カリフォルニア一帯で勢力を有する「ライズ・アバブ・ムーブメント」（RAM）。人口の大半が白人で、男性中心の社会だった一九五〇年代の「古き良きカリフォルニア」を理想とし、中南米からの移民やユダヤ系の影響力の排除を訴えている。日々、混合格闘技（MMA）のトレーニングに勤しみ、違法薬物には手を出さず、健康への意識や知的好奇心も高い――そうしたイメージを前面に打ち出している。

「ライズ・アバブ・ムーブメント」(RAM)のメンバーたち
出所：Reddit.

私はこの団体のメンバー二人に会ったことがあるが、スキンヘッドでもなく、顔や腕にタトゥーを入れているわけでもなく、筋トレやサーフィンに励む普通の好青年という印象しか受けなかった（タバコもアルコールも口にしない）。それだけにシャーロッツビルでの衝突事件で八人の逮捕者を出した団体のメンバーとは思えなかった。事実、例えば、逮捕者の一人はカリフォルニア大学ロサンゼルス校（UCLA）で修士号を取得し、事件前は米国の大手軍事企業ノースロップ・グラマン社のエンジニアとして五年間勤務していた。もっとも、前年にドイツや

「アメリカン・アイデンティティ・ムーブメント」（AIM）のトップページ．テネシー州ナッシュビルの州議事堂前で開いた決起集会（2019年3月10日）の写真が掲載されている

ウクライナを訪れ、白人ナショナリスト団体と接触していたようではあるが。

## シャーロッツビルの余波

シャーロッツビルでの衝突事件では「ユナイト・ザ・ライト」に抗議する集団に乗用車が突入し女性一人が死亡、一九人が負傷した。車を運転していた二十歳（当時）の白人男性に対し、連邦裁判所は終身刑と四一九年の禁錮刑を言い渡している（二〇一九年七月十五日）。同被告はネオナチであることを公言、犯行の直前まで「ヴァンガード・アメリカ」（VA）というネオナチ系の団体と行動を共にしていた。ナチス・ドイツが掲げた「血と土」（「血」は民族、「土」は祖国の意）をモットーとし一五年に創設された同団体だが、事件によるイメージの悪化を危惧した一派は新団体「パトリオット・フロント」（PF）を立ち上げ、独立した。第1章で紹介した団体

「アメリカン・アイデンティティ・ムーブメント」（AIM）ももともとは「アイデンティティ・オイローパ」（IE）と称し、二〇一六年から活動を始めていた（オイローパはドイツ語で「ヨーロッパ」）。しかし、同事件を受けてメンバーが急減、新代表に就いたパトリック・ケイシーが一九年に組織名を改変した。

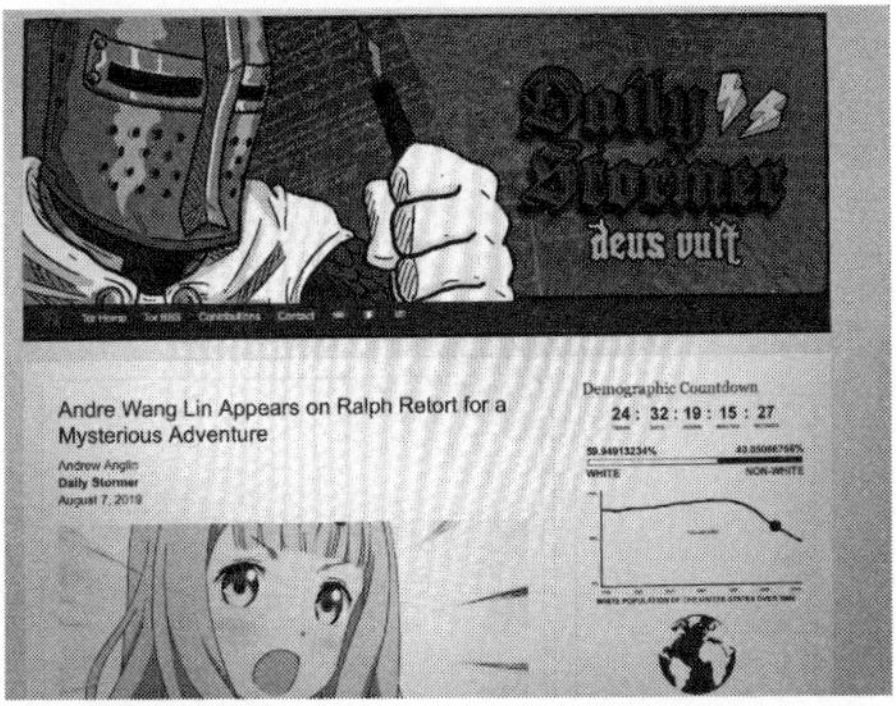


「ザ・デイリー・ストーマー」（The Daily Stormer）のトップページ．右側に米国の白人人口が過半数を下回るまでの時間が表示されている

オルトライトの間では、事件を契機に、今後の活動方針をめぐる議論が盛んになっている。例えば、オンライン・コミュニティを通した一般市民への支持拡大（mainstreaming）を図っている有力サイト「ザ・デイリー・ストーマー」（The Daily Stormer）——名前はナチス・ドイツ時代の反ユダヤ系タブロイド紙『デア・シュテュルマー』（Der Stürmer）に由来——の主宰者アンドリュー・アングリンなどは「街中での抗議集会は世界中から嘲笑（ちょうしょう）を浴びるだけで逆効果」と否定的。事件の一年後に首都ワシントンD.C.で開催された「ユナイト・ザ・ライト2」のボイコットを呼び

かけた。「私たちはヒップで、クールで、セクシーで、痛快（fun）な領域に留まるべきだ」と訴えた（“The alt-right is debating whether to try to look less like Nazis”, Vox, Aug 10, 2018）。AmRenの会合の席でケイシーは「そもそもAIMがオルトライトと見なされること自体、もはや全く望ましくない」と私に吐露した。AIMでは暴力行為を明確に禁じているという。

その一方で、オンライン上の活動に傾注し、主義主張をオブラートに包もうとする傾向を牽制する向きもある。彼らからするとアングリンのような消極的姿勢は「カックサーバティブ」（Cuckservative）に他ならず、侮蔑の対象となる。「カックサーバティブ」とは、「妻に浮気されている夫」を指す俗語の「カック」（cuck）と「保守主義者」を指す「コンサーバティブ」（conservative）の合成語で、「惨めな保守」「意気地なしの保守」という意味だ。いわば、世間一般のイメージ――白人ナショナリストの間では「見栄え」という意味で“optics”という単語が広く用いられている――よりも具体的で前衛的な示威行為（vanguardism）を重んじる立場で、「ライズ・アバブ・ムーブメント」や「ヴァンガード・アメリカ」がその好例と言える。二〇一八年十月、ペンシルバニア州ピッツバーグのユダヤ教の礼拝所で銃乱射事件が発生し一一人が死亡したが、オルトライトの影響を強く受けた四十六歳（当時）の白人男性は犯行の二時間前に「ギャブ」にメッセージを投稿していた。そこには「HIAS（ユダヤ系の難民支援団体）は私たちを殺す侵略者たちを入国させたがっている。同胞が虐殺されるのを座して見過ごすわけにはいかない。どう見られようが知ったことではない（Screw your optics.）。私は突入する」と記されていた。

こうした支持拡大の手法をめぐる葛藤（かっとう）は今に始まったものではない。一九七九年のグリーンズボロでの殺害事件を受けてデュークがＫＫＫを脱退し、よりソフトな路線に転じたことは前述した通りだ。それは一般市民への訴求力を高めようとする試みでもあった。そして、メディアを意識し、粗野で過激なイメージを払拭し、知的武装を重視した。オルトライトの多くも基本的にはその路線上に活路を見出している。

インターネットの活用やグローバルな連携構築という点に関してもデュークは早くから積極的だった。そして、今日、例えば、「ユナイト・ザ・ライト」の発起人の一人、マイケル・ヒルが創設した新南部連合系の「南部連盟」（ＬＯＳ）はロシア側との連携を図るべく、ロシア語版のホームページも開設している。ハンガリー語版と中国語版もあり、今後、日本語、ドイツ語、イタリア語、フランス語、スペイン語、ポーランド語への翻訳も検討中とのこと。AmRen の会合では「反グローバリズムをグローバルに広めよう」といったフレーズをしばしば耳にしたが、白人のナショナリズムは着実にグローバル化しているようだ。

もちろん、デュークのみがオルトライトの源流というわけではない。インテリ色の強さという点でテイラーを「オルトライトのゴッドファーザー」と称する声もある。思想的支柱としてゴットフリードを挙げることも可能だろう（ただし、ユダヤ人である同氏はオルトライトの現状には批判的だ）。後章で見るように、欧州の政治思想や政治運動の影響も看過できない。しかし、草の根の活動として、白人ナショナリズムの新たな方向性や方法論を模索した点でデュークの存在はやはり特筆に値しよう。

### スティーブン・バノン

それだけではない。デュークの先駆性は自ら何度も公職に立候補し、政治的影響力を高めようとした点にもある。そのほとんどは泡沫候補に終わったが、ルイジアナ州議会の下院選に当選した一九八九年を中心に、八〇年代後半からの数年間は「政治家」として存在感を放った。若い世代のオルトライトには容易に真似できないことだ。スペンサーが二〇一七年に行われたモンタナ州の連邦下院補選への立候補を示唆したものの、すぐに断念している。

とはいえ、それはオルトライトが政治的影響力を有しないことを必ずしも意味しない。オルトライト自体、トランプ氏が二〇一六年の大統領選で擡頭するにつれ、オンラインから現実の世界へと活動の場を広げていった。そして、スティーブン・バノンがトランプ陣営の選対本部長に任命されるや、大いに活気付いた。右派系オンラインメディア「ブライトバート・ニュース・ネットワーク」（BNN）を引き継いだバノンは、デジタル・ネイティブの若い世代への支持拡大を企図し、イギリス出身の若手論客ヤノプルスらを重用し、リベラル派はもちろん、保守派や共和党の主流派をも挑発した。『マザー・ジョーンズ』誌（一六年八月二十二日付）のインタビューでバノンは「私たちはオルトライトのプラットフォームです」と明言している。

「国民戦線」（現「国民連合」）の党大会でバノンを歓迎するル・ペン党首（2018年3月10日）
出所：ル・ペンのツイッターより.

そして、大統領となったトランプ氏がバノンをホワイトハウスの首席戦略官に任命するや、デュークやテイラー、スペンサーなど著名な白人ナショナリストが次々と歓迎の意を表した。移民政策から通商政策、高官人事に至るまで、政権発足当初、バノンが「影の大統領」と称されるほど強大な力を有していたことは日本でも広く報じられた。

しかし、シャーロッツビルでの衝突事件をめぐる政権の対応をめぐりバノンの責任を問う声が強くなり、かつホワイトハウス内で対立と孤立を深めていた経緯もあり、事件から六日後、就任から約七ヵ月で辞任を余儀なくされた。直ちにブライトバート・ニュース・

ネットワークの会長に復帰するも、トランプ政権の暴露本をきっかけに大統領との関係が悪化、二〇一八年一月に退任した。

その後はドイツやイタリアやフランスをはじめとするヨーロッパ各国の極右勢力との連携強化を図っている。二〇一八年三月にマリーヌ・ル・ペンが党首を務めるフランスの極右政党「国民戦線」（FN）——同年六月に「国民連合」（RN）と改名——の党大会で演説し、「皆さんを人種差別主義者と呼ぶ人には呼ばせておきなさい。外国人嫌いと呼ぶ人、移民排斥主義者と呼ぶ人には呼ばせておきなさい。その称号を名誉の印として用いればいい」と述べた。

また、EU懐疑派を支援する財団「ザ・ムーブメント」（The Movement）をブリュッセル（ベルギー）に創設。さらにはローマ（イタリア）郊外にある廃墟となった修道院を改修し、リベラル派の大富豪ジョージ・ソロスが創設した「オープン・ソサエティ財団」（OSF）に匹敵する「文化戦争を戦う剣闘士のための学校」（gladiator school for culture warriors）とする計画を進めている。名目上は「ユダヤ＝キリスト教に基づく西洋文明」の守り手となる次世代の指導者育成を掲げているが、実質的には極右勢力の訓練センターになるのではとの懸念が強く、地元も反撥している。

その一方で、バノンは二〇一九年に外交政策組織「現在の危機・中国に対応する委員会」

（CPDC）を立ち上げるなど、対中強硬派として日本やインドの保守派の政治家や団体との関係を深めている。同年には中国通信機器大手である華為技術（ファーウェイ）と中国共産党及び中国人民解放軍の関係を告発するフィクション映画『赤い龍の爪』（Claws of the Red Dragon）の制作総指揮を務めた。

### バノンとトランプをつなぐもの

第1章で述べた通り、バノンは思想的にはペイリオコンと親和性が高い。既成の政治家、ウォール街、ロビイスト、シンクタンク、財団、主要メディアなどが米政治を裏で操る「闇の国家」（deep state）を形成し、グローバル化（自由貿易、移民の流入、多国間枠組みなど）を推進するなか、米国の労働者が犠牲になっているとの認識を有している。そして、「闇の国家」の解体を目指す自らを「レーニン主義者」とさえ称する。

この認識はトランプ氏のそれとも重なる。トランプ政権が従来の共和党政権と大きく異なるのは、単に「反リベラル」「反民主党」だけではなく、「反エスタブリッシュメント」の有権者をコアな支持基盤としている点だ。そこには共和党の主流派への反撥も含まれる。「米国第一主義」というナショナリズムを掲げ、「ポリティカル・コレクトネス」を国内外を覆う政治的・道徳的タテマエと一蹴し、「闇の政府」の解体を訴えるトランプ氏は、怒れるサイレント・マジョリティ（物言わぬ多数派）、とりわけ白人労働者層にとっての「救世主」となった。無論、白人労働者と白人ナショナリストはイコールではないが、少なくとも両者が交わる領域は存在する。

バノンが去ったホワイトハウスでは、バノンの相棒とも言うべきスティーブン・ミラー（大統領上級顧問）が影響力を持ち続けている。彼もまたペイリオコンの系譜に連なる。一九八五年生まれという若さながら、トランプ氏の指名受諾演説や就任演説、一般教書演説などのスピーチライターを務め、移民政策などでは主導的な役割を担っている。デューク大学在学中に講演に招いた反イスラム・反移民系の著名な論客デヴィッド・ホロウィッツの紹介で二〇〇九年にジェフ・セッションズ上院議員（当時、アラバマ州選出）のスタッフ（のちに広報部長）となり、一六年にトランプ陣営に上級政策顧問として加わった。移民問題への強硬姿勢で知られるセッションズは大統領選でトランプ氏を支持した最初の上院議員で、トランプ政権では司法長官に任命された（のちにロシア疑惑の対応をめぐり解任）。スペンサーは同時期にデューク大学に在籍していたミラーとの交友関係を語っているが、ミラーは断固否定している。

ミラーと同じくトランプ氏のスピーチライターを務めていたダレン・ビーティはデューク大学の博士号（政治学）を有するが、同大の非常勤講師だった二〇一六年にティラーやピーター・ブリメローなどの白人ナショナリストが集う「H・L・メンケンクラブ」の会合に参加したことが発覚。一八年にホワイトハウスの職を追われたが、翌年、共和党のマット・ゲーツ連邦下院議員（フロリダ州選出）のスピーチライターに抜擢(ばってき)されている。

ちなみに現在、最も白人ナショナリストに近い連邦議員は共和党のスティーブ・キング下院議員（アイオワ州選出）であろう。欧州の極右勢力との関係が深く、事務所の机に南軍旗を飾り、白人ナショナリズムを容認・支持するような発言を繰り返している。かねてから身内の共和党内からも反撥を買っていたが、二〇一九年に『ニューヨーク・タイムズ』紙（一月十日付）のインタビューで「白人ナショナリスト、白人至上主義者、西洋文明――その表現の一体どこが不快なのか」と述べたことが決定打となり、議会では一切の委員会職から排除された。しかし、トランプ氏は一八年の中間選挙でキングの再選を支持しており、インタビュー内容については「フォローしていない」と問題視しない姿勢を示した。

# 第3章　白人ナショナリズムの位相

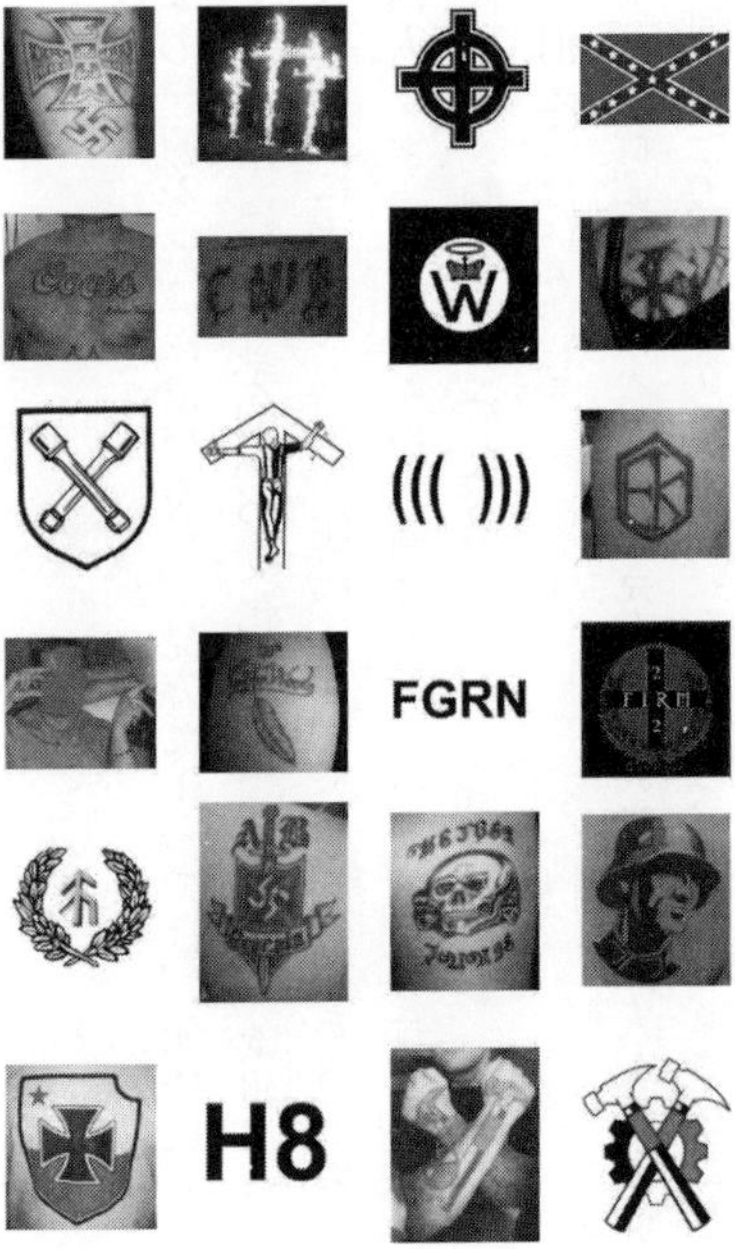


白人ナショナリスト団体のシンボル（©ADL）

## 白人ナショナリズムの起源

米国における白人ナショナリズムの起源をどこに求めるか。見方によっては、先住民（インディアン）の制圧を支えた論理――先住民は生物学的かつ文化的に自分たち（＝欧州出身の白人）より下等であり、自分たちの支配下に入ることが先住民にとっても幸福であるという優越主義的な発想――そのものが白人ナショナリズムの発露とも言える。その場合、起源は米国建国以前のイギリス植民地時代にまで遡ることになる。

この優越主義的な眼差しは今日も消えてはいない。

例えば、二〇一九年七月にトランプ大統領が非白人の民主党女性新人議員の四人を念頭に「米国にいることが幸せではなく、つねに不満ばかり言っているのなら、とても単純なことで、この国を去ればいい」とツイートし、物議を醸したことは第1章で記した通りである。その際、トランプ氏は「(彼女たちが)世界の他のどこよりも最も酷く腐敗し、無能で、完全に酷いことになっている政府(そもそも政府が機能していればの話だが)の国からもともと来たのに、それが今や、世界で最も偉大で最強のこの合衆国の人びとに、この国の政府をああしろ、こうしろと大声で罵倒しているなんて、実に興味深い」とも述べている。

この発言には「移民は米国にいられることにひたすら感謝し、大人しく服従すべきだ」という優越主義の残滓が色濃く滲み出ている。米国例外主義(米国を「世界の縮図」と特別視する発想)や愛国心とも絡む複雑な言説ではあるが、トランプ氏が白人で、言及した相手が非白人だったこと、それまでもトランプ氏には人種差別的な言動が多かったことから、この発言は白人ナショナリズムと結びつけて論じられた。

と同時に、「嫌なら米国から出て行け」という発想は、自らを社会の所有者のごとく捉え、新参者を排除しようとする土着主義(ネイティビズム)の典型でもある。「新参者」を「社会的他者」と広義に捉えるならば、十七世紀末のボストン近郊の港町セーラムを中心に起こった「魔女狩り」や二十世紀半ばの「赤狩り」(マッカーシズム)なども土着主義の一種と解釈できよう。

より民族や人種にまつわる偏見に根ざした土着主義としては、十九世紀半ばのアイルランド系移民、十九世紀終わりから二十世紀初頭のイタリア系、ユダヤ系、ギリシャ系、ポーランド系、アジア系（黄色人種）などの移民への差別が挙げられる。いずれもアングロ・サクソン系、つまり北方系の初期移民こそが米社会の事実上の所有者であるとの認識に立っていた。

また、アングロ・サクソン系のほとんどが宗教的にはプロテスタントだったことから、カトリックやユダヤ教への宗教差別という性格も有していた。例えば、歴史学者ノエル・イグナティエフは『アイルランド系はいかにして白人となったか』（*How the Irish Became White*, 1995：未邦訳）の中で、アイルランド系は社会進出に加え、黒人差別に荷担することで徐々に「白人」としての地歩を固めたと論じている。中国系や日系などアジア系への脅威論（黄禍論）が盛んだった二十世紀初頭、アイルランド系や東欧系、南欧系の白人は必ずしも「白人」とは見なされていなかったのである。

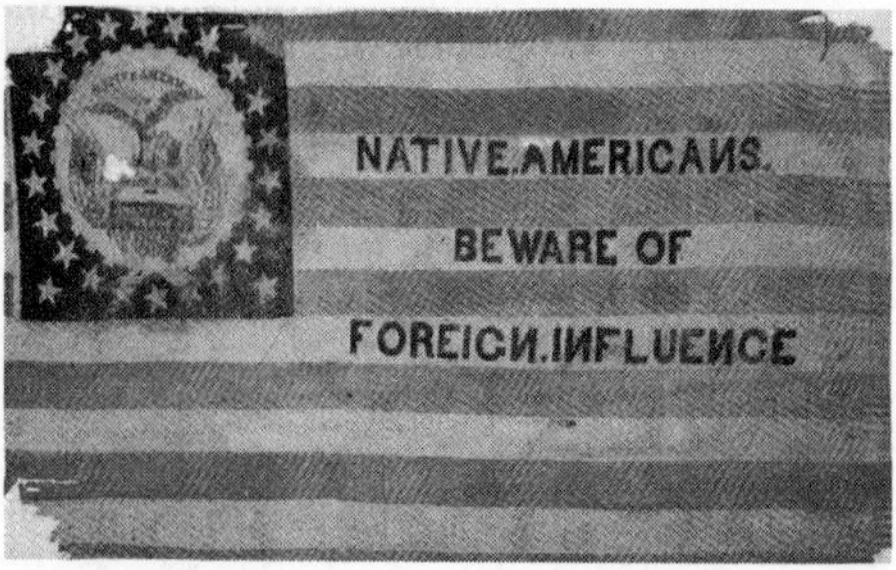

反移民を訴えるノウ・ナッシングの「ネイティブ・アメリカン党」の旗．自らを「ネイティブ」（土着の，先住の）の米国人と称している

こうした優越主義や土着主義に根ざした白人ナショナリズムは一八五〇年代に反カトリッ

ク・反移民の運動「ノウ・ナッシング」（Know-Nothing）――メンバーがそれに連なる組織について「アイ・ノウ・ナッシング」（何も知らない）と答えたのが由来――が隆盛を見たが、奴隷制度をめぐる対立などで分裂し、わずか一〇年足らずの短命で終わった。

## クー・クラックス・クラン

しかし、南北戦争（一八六一～六五年）を経て、白人ナショナリズムはより過激な形で米社会に再出現する。

最も有名なのは「クー・クラックス・クラン」（ＫＫＫ）だろう。南北戦争直後の一八六五年末に旧南部連合の有力者を中心にテネシー州ナッシュビル近郊の田舎町プラスキで結成された。この第一期のＫＫＫは、自由黒人（解放奴隷）や南部再建を主導した北部出身の急進派を狙ったテロ集団に近かった。しかし、人種隔離に基づく黒人差別を認める制度（ジム・クロウ法）が南部諸州で成立し始めたこと、連邦政府による取り締まり――連邦軍の派遣や「一八七一年ＫＫＫ法」の制定など――が強化されたことなどを背景に、七〇年代半ばには活動は終息する。

ところが、一九一五年にジョージア州アトランタ郊外のストーンマウンテンで復活した第二期のＫＫＫは、南部や農村部のみならず、北部や都市部、そして女性にも広がりを持つ全国的な政治組織となり、最盛期の二〇年代半ばには三〇〇万〜五〇〇万人の会員がいたとされる。黒人のみならず、カトリック教徒やユダヤ教徒なども排斥の対象とし、反移民政策を牽引。ＫＫＫが各地で行った街頭行進には多くの一般市民が熱心に声援を送った。ＫＫＫの社会活動を一般の市民団体のそれと同じ欄で称える地方紙も少なくなかった。

以前、私は中西部インディアナ州マンシーを訪れたことがある。リンド夫妻によるコミュニティ研究の古典的名著『ミドルタウン』（*Middletown*, 1929）の舞台となった町で、「最も典型的な米国」と位置づけられていた。ちなみに、スティーブン・スピルバーグ監督が、映画『未知との遭遇』（一九七七年）の中で、電気技師ロイとＵＦＯが遭遇する田舎町として選んだのがマンシーである。

KKKのワシントン大行進（1925年 8 月）
出所：Bettmann/Corbis.

ＫＫＫはそのマンシーをも席捲した。

［一九二〇年代半ば］のマンシーを語るうえで、ＫＫＫ（クー・クラックス・クラン、白人至上主義の秘密結社）の存在を欠かすことはできない。もともとは、市政を担っていた民主党政権の政治的・道徳的腐敗の浄化を目的に、地元の企業家たちが協力を仰いだことに端を発するらしいが、その後、労働者階級を中心に支持基盤を急速に拡大していった。一九二〇年代半ばには、約三千五百人（人口の約一〇パーセント）もの市民が参加し、市役所、裁判所、警察などを牛耳るまでに至った（当時の市長もメンバーだった）。ＫＫＫというと黒人排斥のイメージが強いが、実際のターゲットが、カトリック、ユダヤ人、黒人の順だったことは興味深い。やがて、幹部の女性スキャンダルに伴う信用失墜も災いし、マンシーにおけるＫＫＫのキャリアは短命に終わったが、こうした現象の背後にあった社会変化を描き出したのが夫妻の著作『ミドルタウン』だった。

（渡辺靖『アメリカン・コミュニティ』二〇〇七年、八七頁）

日本への原爆投下を命じたことで知られるハリー・トルーマン大統領や連邦最高裁判事を務めたヒューゴ・ブラックも一時ＫＫＫのメンバーだった（Linda Gordon, *The Second Coming of the KKK*, 2017）。しかし、幹部の性的ないし金銭的なスキャンダルなどが相次ぎ、第二期のＫＫＫの求心力はマンシーのみならず全国的に一九二〇年代末までに急減した。

第二期のKKKの急速かつ広汎な支持拡大の背景の一つには、D・W・グリフィス監督による一九一五年公開の無声映画『国民の創生』の興行的成功も挙げられる。黒人を「悪」、KKKを「正義」として描いたこの作品は、犯罪とは「黒人が白人に対して行う」(black-on-white) ものであるとのイメージを流布し、KKKの復活を助長したとの批判が絶えない。南軍を率いたリー将軍や南軍兵士の銅像、モニュメントの設置が南部で急増したのもこの頃である。

この時期、白人による黒人の私刑(リンチ)数がピークに達したのも然り。ブルースの女王ビリー・ホリデイの大ヒット曲「奇妙な果実」(Strange Fruit) は、木にぶら下がった黒人の死体を描写したもので、彼女が歌い始めた一九三九年当時も私刑は行われていた。アラバマ州の人権団体「公正な裁きのイニシアチブ」(EJI) によると、米南部では一八七七年から一九五〇年までの間に四〇〇〇人近い黒人が私刑によって殺され、うち二〇パーセントは白人観衆が見守る「公開行事」だったという。

第二次世界大戦後の第三期、とりわけ一九六〇年代以降のKKKは、公民権運動への反対派として過激化した。南軍旗を利用し始めたのはこの頃からだ。五九年にはバージニア州アーリントンで「米国ナチ党」(ANP) が結成されたが、前章で記したように、のちにKKKの有力団体の最高幹部を務めたデヴィッド・デュークは学部生時代、同党の後継団体である「国家社会主義白人党」（NSWPP）の党員だった。

KKKの過激化につれ、司法の取り締まりはさらに強化され、「南部貧困法律センター」（SPLC、一九七一年設立）などの人権団体による訴訟も相次ぐ。加えて、内紛や分裂がKKKのさらなる弱体化に拍車をかけた。

SPLCの発表（二〇一八年）によると、今日、KKKの名前を冠する団体数は二七（支部数は五二）で会員数の合計は五〇〇〇〜八〇〇〇人程度。イメージが悪いため若者世代には敬遠される傾向にあるが、KKKが掲げる反移民、反ユダヤ、反イスラム、反フェミニズム、同性愛嫌悪への共感は白人ナショナリストの間に根強く残っているという。近年では、かつてのように顔を隠すことは少なくなり、むしろ反対派の極左団体「アンティファ」のほうが黒いマスクで顔を覆うなど秘匿性が高くなっている。往年の勢いこそないが、全米最大規模の集団であることに変わりはない。

ちなみにSPLCは全米の五一団体（一四八支部）を「白人ナショナリスト系」と分類している。支部数に関しては、オバマ大統領一期目の二〇一一年（一四七支部）を頂点に一六年（八五支部）まで減少傾向にあったが、トランプ氏が大統領に就任した一七年には一〇〇団体と、近年、再び増加傾向にある。ただし、このカテゴリーからは「反移民系」「ホロコースト否定系」「反イスラム系」「新南部連合系」などの団体が除外されている。実際にはた「白人ナショナリスト系」と明確に区別できない団体も多い。SPLCはこれらを総合した「ヘイト団体」（hate group）として、一八年に過去最高の一〇二〇支部をリストアップしている（後述）。うち「黒人ナショナリスト系」の二六四支部を除くと、その数は七五六支部にも及ぶ。

### 米国第一主義との接点

デュークは二〇一六年の連邦上院選に立候補表明した際、大統領選でのトランプ氏の躍進を称えつつも、「現代の政治家候補の中で「米国第一」（America First）という言葉や政策を最初に広めたのは自分」だと豪語した。

しかし、実際には「米国第一」の歴史はデューク以前に遡る。古くは、非介入主義や孤立主義の立場から、第一次世界大戦での中立を訴えたウッドロー・ウィルソン大統領（在任期間一九一三～二一年）が一九一六年の大統領選で、そして後任のウォレン・ハーディング大統領（在任期間一九二一～二三年）も二〇年の大統領選で用いている。

その後、米国の第二次世界大戦への参戦を危惧する市民が一九四〇年に「米国第一委員会」（AFC）を創設。全米各地に約四五〇の支部と約八〇万人のメンバーを有し、その中にはジェラルド・フォード（のちの大統領）、サージェント・シュライバー（のちの米平和部隊初代長官で一九七二年大統領選での民主党副大統領候補）、ポッター・スチュワート（のちの連邦最高裁判事）、そして大西洋単独無着陸飛行に初成功した飛行家チャールズ・リンドバーグもいた。もっとも、委員会そのものは真珠湾攻撃（一九四一年十二月八日）の三日後には解散している。

インディアナ州で開かれた米国第一委員会の集会で演説するリンドバーグ（1941年10月３日）
出所：Everett Collection/age fotostock.

興味深いのは同委員会のスポークスマンだったリンドバーグで、米国を戦争に引きずり込もうとしている勢力として、フランクリン・ルーズヴェルト政権とイギリス、そしてユダヤ人の三つを挙げ、ドイツとの中立条約締結を主張した。かねてから「私たちと欧州の絆（きずな）は政治的イデオロギーではなく人種によるもの」と述べるなど、欧州の民主主義よりも白色人種の生存を重視する言動や、ナチス政権との緊密な関係が問題視されていた。一九三八年にはドイツ空軍総司令官のヘルマン・ゲーリング（のちの国家元帥）から勲章を授与されている。

「米国第一」のバナーを掲げて行進するKKK（1920年代）
出所：Bettmann Archive/Getty Images.

「米国第一」「白人のための米国」のプラカードを掲げるKKKの女性メンバー（年代不明，1970年代か）
出所：Mark Foley Collection.

白人ナショナリストにとっても「米国第一」は伝統的なスローガンの一つで、第1章で記したように、例えば、極右政党「米国自由党」（ＡＦＰ）の綱領でも繰り返し強調されている。往年のＫＫＫの写真でも同スローガンを掲げている様子が確認できる。「米国第一」という言葉には非介入主義や孤立主義のみならず、反自由貿易や反移民など、多義的な意味が込められている。とはいえ、グローバリズムによって「古き良き米国」が蝕まれており、その防波堤としてのナショナリズムを是認するというペイリオコンの世界観は共有されている。

冷戦終結後、ペイリオコンの立場を鮮明に打ち出した政治家の代表格は共和党（一九九二年、九六年）や改革党（二〇〇〇年）から大統領選に出馬したパット・ブキャナンであろう。リチャード・ニクソン大統領のスピーチ・ライター、ジェラルド・フォードとロナルド・レーガン両大統領の上級顧問を歴任し、CNNテレビの討論番組の司会者としても人気を博した。

1992年の大統領選時のブキャナンの応援バッジ
出所：Greg Groesch/The Washington Times.

その彼は二〇〇一年に『病むアメリカ、滅びゆく西洋』（*The Death of the West*）を著し、白人の出生率低下や移民の「侵略」（invasion）によって、米国が二〇五〇年までに第三世界化すると警告。その一〇年後に出版した『超大国の自殺』（*Suicide of a Superpower*, 2011）では「自ら核抑止力を開発できる能力があるのに、なぜアメリカが核戦争のリスクを背負い続けなければならないのか？」「日本の核兵器保有は、日本を脅かす、ないし攻撃しようとしている国々の脅威となるにすぎない」（河内隆弥訳、二〇一二年、四八六頁）と述べ、日本の核武装を推奨。日本や韓国、欧州との同盟関係を不要と一刀両断するなど、米国第一主義の立場を改めて明確にした。

二〇〇〇年の大統領選で改革党の指名獲得を競ったトランプ氏からは「ネオナチ」「極右以上」(beyond far right)、「ヒトラー崇拝者」(Hitler lover) などとレッテルを貼られたが、大統領となったトランプ氏の政策的指向はブキャナンのそれと酷似している。

第1章で述べたように、ペイリオコンの特徴は「黄金の五〇年代」と称される第二次世界大戦直後の社会に郷愁を抱き、「回帰すべき未来」と捉える点にある。公民権運動以前の、白人のミドルクラス（そしてキリスト教）を中心とした社会で、他国にただ乗りされることも、不必要に他国に介入することもなかった時代という位置づけだ。

その意味で興味深いのはトランプ政権で初代司法長官を務めたジェフ・セッションズ――反移民系の有力白人ナショナリスト団体「米国移民改革連合」（ＦＡＩＲ）と近いとされる――が上院議員だった二〇一五年、バノンのブライトバート・ニュースでのインタビューで東欧や南欧、アジアからの移民を大幅に制限した「一九二四年移民法」を理想化している点である。一九五〇年代にはすでに「一九六四年公民権法」や「一九六五年投票権法」の制定へ向けた運動が顕在化していた点を踏まえ、むしろ目指すべきは一九二四年移民法以前の米国、要するに二十世紀初めの米国というわけである。半世紀ほど昔に参照点を戻した格好だ。

この一九二四年移民法――日本では「排日移民法」として知られる――に大きな影響を与えた法律家・優生学者のマディソン・グラントは、当時を代表する白人ナショナリストだった（Adam Server, "White Nationalism's Deep American Roots", *The Atlantic*, April 2019）。アドルフ・ヒトラーは、グラントが一九一六年に著した『偉大な人種の消滅』（*The Passing of the Great Race*：未邦訳）を「私の聖書」と絶賛した。白人の中でも北方系の優位を説き、もともと北方系優位だった古代ローマ帝国（もちろん史実に反する）は他地域から奴隷を多く受け入れたことで崩壊した――そして、今日のイタリア人もそうした下等人種の末裔（まつえい）だ――とグラントは説く。彼は「科学」を援用しながら、エスニック系の移民、いわゆる「ハイフン付きの米国人」（例えば、Japanese-American＝日系米国人）が増加し、米国が古代ローマ帝国の二の舞になることを危惧した。

日系人排斥の集会を呼びかけるポスター（1906年）

### 白人の窮状

しかし、同書の出版から一世紀以上が経ち、現実の米国は「ハイフン付きの米国人」が増加の一途。二〇四五年までには白人人口が過半数を割り、多数派（マジョリティ）がマイノリティ——どの集団も単独では過半数を占めない——という「マジョリティ・マイノリティ国家」になると予測されている。すでに州レベルではカリフォルニア、ニューメキシコ、テキサス、ハワイがこの状態にある。二〇二〇年には全米レベルで十八歳以下の人口が、二〇三〇年までに三十歳以下の人口がこの状態になるとされる（U. S. Census Bureau, September 6, 2018）。

一九二一年から施行されてきた国別移民割当制度を撤廃した一九六五年移民法の施行以降、中南米やアジアからの移民、とりわけヒスパニック系の増加が顕著になっており、ブルッキングス研究所の試算によると、二〇一八年の時点で、ヒスパニック系は白人の六〇・五パーセントに次いで全人口の一八・三パーセントを占めている（黒人一二・五パーセント、アジア系五・七パーセント）。これが二〇六〇年には二七・五パーセントにまで増加し、白人（四四・三パーセント）との差はさらに縮まる（黒人一三・六パーセント、アジア系八・八パーセント）。十八歳以下の人口に限れば、ヒスパニック系三一・九パーセント、白人三六・四パーセントとほぼ互角になる見込みだ（黒人一四・二パーセント、アジア系七・八パーセント。Brookings Institute, March 14, 2018）。

加えて、不法移民も二〇一七年時点で一〇五〇万人いると推定されている。これは外国生まれの米国居住者（四五六〇万人）全体の二三パーセントに相当する。全盛期の二〇〇七年

（一二二〇万人）に比べると減少しているものの、一九九〇年（三五〇万人）の三倍であり、うち四七パーセントをメキシコ出身者が占める（Pew Research Center, June 12, 2019）。

米国の国勢調査は宗教に関する質問を行っていないが、米国の調査機関ピューリサーチセンターの試算によると、二〇一七年の時点で、イスラム系人口は三四五万人で全米の一・一パーセント。二〇〇七年には二三五万人だったので、一〇年間で一・五倍近くに増加したことになる。ちなみにユダヤ系人口は全米の一・九パーセント。二〇四〇年までにイスラム系がユダヤ系を上回り、二〇五〇年には全米の二・一パーセントに達する見込みだ（Pew Research Center, January 3, 2018）。人口の急増に加えて、二〇〇一年の米同時多発テロや二〇一五年のカリフォルニア州サンバーナディノでの銃乱射事件などでイスラモフォビア（イスラム恐怖症）が助長されたのは周知の通りである。

こうした人口構成の変化に加え、薬物依存症患者やアルコール依存症患者の割合、自殺率、死亡率、平均寿命、平均所得、市民社会への参加度、家族関係の安定度などに関して、白人の閉塞感や疎外感を示唆するデータが目立ち始めている。それらは、とりわけ白人労働者層（低学歴・低スキルの層）において顕著である。

私は一九九〇年代に米国の大学院に留学したが、博士論文のテーマがこの点に関するものだった。東部マサチューセッツ州ボストンを舞台に、かつて「ボストンのバラモン」（Boston

Brahmins)——バラモンがインドのカースト制度の頂点に位置する階級であることに由来する——とも称された米国最古で随一の白人エリート家族の末裔たちと、彼らとは対照的な生きざまを送ってきたアイルランド系の白人労働者家族の末裔たちを対象に、約三年間にわたってフィールドワーク（参与観察）を重ねた。

アイルランド系のインフォーマント（調査対象者）の多くは、一九九〇年代半ばに『USニューズ&ワールド・レポート』誌が「米国のホワイト・アンダークラス（白人最下層）の都」と記した地区を含む地域——日本でもヒットした映画『グッド・ウィル・ハンティング／旅立ち』（一九九七年）や『ミスティック・リバー』（二〇〇三年）の舞台にもなった地域——に暮らしていた。

その成果は拙著『アフター・アメリカ——ボストニアンの軌跡と〈文化の政治学〉』（二〇〇四年）に詳しいが、ちょうど私が大学院を終えた一九九七年前後から、私のインフォーマントの暮らす地域では十代の自殺、自殺未遂、違法薬物（特にヘロイン）の過剰摂取が相次いだ。一〇人の若者が首吊り自殺をし、男子を中心に自殺未遂が約二〇〇件あった。首吊りという手法が——とりわけ十代の手法としては——珍しいことに着目した地元出身の著述家マイケル・マクドナルドは「首吊り自殺なんて誰がしますか？　牢屋に入っている者のすることですよ」とコメントしていた（*International Herald Tribune*, August 18, 1997）。「牢屋」とは、絶望の中で囚われの身となり、貧困の中で隔絶され、アルコールや違法薬物から逃れられないという意味だ。

もっとも、私が調査したのは今から四半世紀近く前の話だ。ミドルクラスの縮小や格差拡大に伴い、白人を取り巻く状況はより逼迫（ひっぱく）したものになっている。そして、白人の相対的な地位低下、あるいは居場所の喪失を「不公正」と見なす者は労働者層だけではない。オルトライトを含め、現代の白人ナショナリストが決して低学歴・低スキルの「ホワイトトラッシュ」や「プアホワイト」だけではなく、ジャレド・テイラーやウィリアム・ジョンソンのように、高学歴のプロフェショナルにも共有されている点はこれまで示してきた通りである。

バラク・オバマが米史上初の黒人大統領に就任したこと。大統領選の討論会や演説の一部をスペイン語で行う候補者が現れていること。学校や職場でアファーマティブ・アクション（積極的差別是正措置）が続いていること。南北戦争当時に奴隷制を支持した南軍に由来する銅像やモニュメントを撤去する動きが広がっていること。女性の社会参加が進み、LGBTQへの寛容度が高まっていること……。白人ナショナリストにとって、こうした一連の動きは白人であることの否定――彼ら好みの表現を用いれば「侵略」(invasion)、「虐殺」(genocide)、「乗っ取り」(replacement)――そのものに映る。その結果、「白人であってもいいのです」(It's okay to be white.) という、一見ごく当たり前の一文が意味深な含意を持つに至っている。

### 白人ナショナリズムの勢力分布

白人の閉塞感が増す一方で、その不満の受け皿となる白人ナショナリスト団体はリーダー不在の状態に陥っていた。カリスマ的存在だったウィリアム・ピアースやリチャード・バトラー、ウィリス・カートらは他界し、マット・ヘイル、ケヴィン・アルフレッド・ストロム、オーガスト・クレイスらは投獄され、トム・メッガーやトーマス・ロッブらは高齢となった。デヴィッド・デュークやビリー・ローパーらはリーダーとしては個人的な我が強すぎる嫌いがあった。その結果、内紛や分裂が進む一方で、オンライン上での活動が盛んになり、二〇一五年前後から若い世代を中心に、「オルトライト」と称する諸々の団体や個人の緩やかなネットワークが生まれた。

もっとも、白人ナショナリストといっても力点を置く課題や活動スタイルはさまざまで、例えば、SPLCでは次のように分類している。

- 「反移民系」(Anti-Immigrant)　一七団体

　出生地主義の廃止、児童期入国者の滞在延期措置（DACA）廃止、移民多様化ビザプログラムの廃止、不法移民に寛容な「聖域都市」への補助金廃止、難民入国の大幅制限、移民親子の引き離し、不法移民の強制送還の強化、メキシコ国境壁の建設、英語の公用語化（注：米国は公用語を定めていない）などを提唱。「米国移民改革連合」（FAIR、一九七九年設立）や「移民研究センター」（CIS、一九八四年）、「NumbersUSA」（一九九七年）などが有力。

・「反LGBTQ系」（Anti-LGBTQ）　四九団体

トランスジェンダーの米軍への入隊制限、トランスジェンダーの学校トイレ利用禁止、外交官の同性未婚パートナーへの外交ビザ発給停止、LGBTQに対する信仰に基づくサービス提供拒否の合法化などを提唱。「家族研究評議会」（FRC、一九八三年）や「全米同性愛研究・治療協

2019年8月，ボストンで行われた反LGBTQ系のデモ行進「ストレート・パレード」.「正常を再び」「異性愛者であることは素晴らしい」などと書かれたプラカードを掲げて練り歩いた．デモを牽引したヤノプルスは同性愛者を公言しているが，LGBTQの権利を特別視しがちなリベラル派，とりわけフェミニストを差別主義者と批判している

出所：Reddit.

会」（NARTH、一九九二年）、「自由防衛同盟」（ADF、一九九四年）などが有力。

・「反イスラム系」（Anti-Muslim）　一〇〇団体

イスラム圏からの入国制限、ムスリム同胞団（一九二八年にエジプトで結成され、国際的に活動を展開しているイスラム主義運動）のテロ組織認定、シャリーア（イスラム法）の非合法化などを提唱。「安全保障政策センター」（CSP、一九八八年）や「アクト・フォー・アメリカ」（ACT、二〇〇七年）、「米国自由法センター」（AFLC、二〇一二年）などが有力。

・「クリスチャン・アイデンティティ系」（Christian Identity）　一七団体

白人（アーリア人）をアダムの末裔で「選ばれた民」と見なす一方で、ユダヤ人を人類最初の殺人者カインの末裔で「悪魔」と見なす。リーダーの高齢化などに伴い、二〇〇〇年前後から衰退傾向にある。ミズーリ州シェルの「イスラエル教会」（CI、一九七二年）などが有力。

・「ヘイト全般系」（General Hate）　一二七団体

反アラブを掲げるユダヤ系団体や、反カトリックを掲げるキリスト系団体、人種差別主義を掲げる「モルモン教」の一夫多妻制維持分派など、他のカテゴリーに収まらないのが特徴。男性の入会のみ認め、暴力を肯定する「プラウド・ボーイズ」（PB、二〇一六年）などが有力。

・「ヘイト音楽系」（Hate Music）　一五団体

一九九〇年代初頭から「白人パワー」を前面に掲げた音楽を制作している。もともとは一九八〇年代初頭のイギリスに起源を持つ。一九九〇年代末から数年間は、ネオナチ系の「レジスタンス・レコーズ」（RR、一九九三年）が支配的だったが、現在は多数の小さなレーベルが競合している。

・「ホロコースト否定系」（Holocaust Denial）　八団体

しばしば「歴史修正主義」を自称し、ユダヤ人の大量虐殺は虚構である、あるいはあったとしてもはるかに小規模で、ほとんどのユダヤ人の死は、組織的虐殺によるのではなく、第二次世界大戦中の病気や飢餓、戦災などによると主張。「歴史修正研究所」（IHR、一九七八年）などが有力。

・「クー・クラックス・クラン系」（Ku Klux Klan）　五一団体

知名度こそ高いが若い世代からの支持が得られず弱体化が進んでいる。新南部連合系の「南部連盟」（LOS）やネオナチ系の「国家社会主義運動」（NSM）などと連携する動きも見られる。かつてデュークが率いた「クー・クラックス・クランの騎士(ナイツ)」（KKKK、一九七五年）はアーカンソー州ハリソンを拠点に活動を続けている。

現在、新興の「クー・クラックス・クランの忠実なる白い騎士」（LWK、二〇一二年）が最も活発なKKK系団体とされる。

・「男性至上主義系」（Male Supremacy）　二団体

生物学的に女性は劣性であり「産む機械」であるという男尊女卑の立場から、現在、男性の尊厳や権利が不当に蝕まれていると主張。フェミニズムが西洋文明を堕落させたとの見方はオルトライトの間でも根強い。女性参政権の剝奪（はくだつ）や私有地における強姦（ごうかん）の合法化を唱える者もいる。「男性のための声」（AVFM、二〇〇九年）やピックアップ・アーティスト（いわゆるナンパ師）のローシュ・バリザデが運営するウェブサイト「王様の復活」（ROK、二〇一二年）がある。

・「新南部連合系」（Neo-Confederate）　三六団体

アメリカ合衆国（USA）からの分離独立を宣言した南部諸州によって一八六一年に創設され、南北戦争で敗れ、一八六五年に消滅した南部連合（アメリカ連合国、CSA）を理想化。「南部の失われた大義」（Lost Cause of the Confederacy）――南部白人の騎士道的な勇敢さ――を称賛し、連邦からの分離や州内における連邦法の適用拒否などを提唱。「南部連盟」（LOS、一九九四年）や二〇一五年にフェイスブック上の集まりから始動した「アイデンティティ・デキシー」（ID）などが有力。

・「ネオナチ系」(Neo-Nazi)　一一二団体

ヒトラーやナチス政権を称賛。一九五〇年代に擡頭し、九〇年代前後に全盛期を迎える。差別的言動が法律で禁じられている欧州とは異なり、米国では憲法修正第一条で「表現の自由」が認められていることから、欧州のネオナチ系団体への支持拡大、あるいはそれらとの連携を深めている。米国ナチ党の元幹部ウィリアム・ピアースが設立した「ナショナル・アライアンス」(NA、一九七四年)や「アトムヴァッフェン師団」(AWD、二〇一三年。「アトムヴァッフェン」はドイツ語で「核兵器」の意)などが有力。

・「レイシスト・スキンヘッド系」(Racist Skinhead)　六三団体

剃髪(ていはつ)した頭、黒ブーツ、サスペンダーを付けたジーンズ、そして人種差別的な刺青が特徴的。一九八〇年代の(イギリス由来の)若者文化から派生し、過激化した。白人のストリートギャングや刑務所ギャングとの関わりも深い。全盛期の二〇一二年には一三八団体だったが、警察の取り締まり強化やオルトライトの擡頭などにより半減している。「ハンマースキン・ネーション」(HN、一九八八年)や「ヴィンランダーズ・ソーシャル・クラブ」(VSC、二〇〇三年)などが有力。

・「過激伝統カトリシズム系」(Radical Traditional Catholicism)　一一団体

ユダヤ教に対する差別とヘイトを否定した第二バチカン公会議（一九六二～六五年）に反撥するカトリック教徒の一派を指す。「ファティマセンター」（FC、一九七七年）や「トラディション・イン・アクション」（TIA、一九九五年）などが有力。

・「白人ナショナリスト系」（White Nationalist）一四八団体

SPLCではオルトライト、あるいは複数のカテゴリーにまたがる団体を「白人ナショナリスト」系と分類している。「保守市民評議会」（CCC、一九八五年）やこれまで本書で見てきた「アメリカン・ルネサンス」（AmRen、一九九〇年）、新世紀財団（NCF、一九九四年）や米国自由党（AFP、二〇一三年）、「アメリカン・アイデンティティ・ムーブメント」（AIM、二〇一九年）などが有力。

SPLCではこれらに急進的な黒人解放闘争を展開する「黒人ナショナリスト」（Black Nationalist）系の二六四団体――「ネーション・オブ・イスラム」（NOI、一九三〇年）や「新ブラックパンサー党」（NBPP、一九八九年）などが有名――を加えた計一〇二〇のヘイト団体のプロフィールや分布図をウェブサイトで公開している。白人ナショナリストはSPLCを「極左」「ヘイト団体」などと批判しているが、分類の仕方そのものについては、概ね妥当と捉えているようだ。

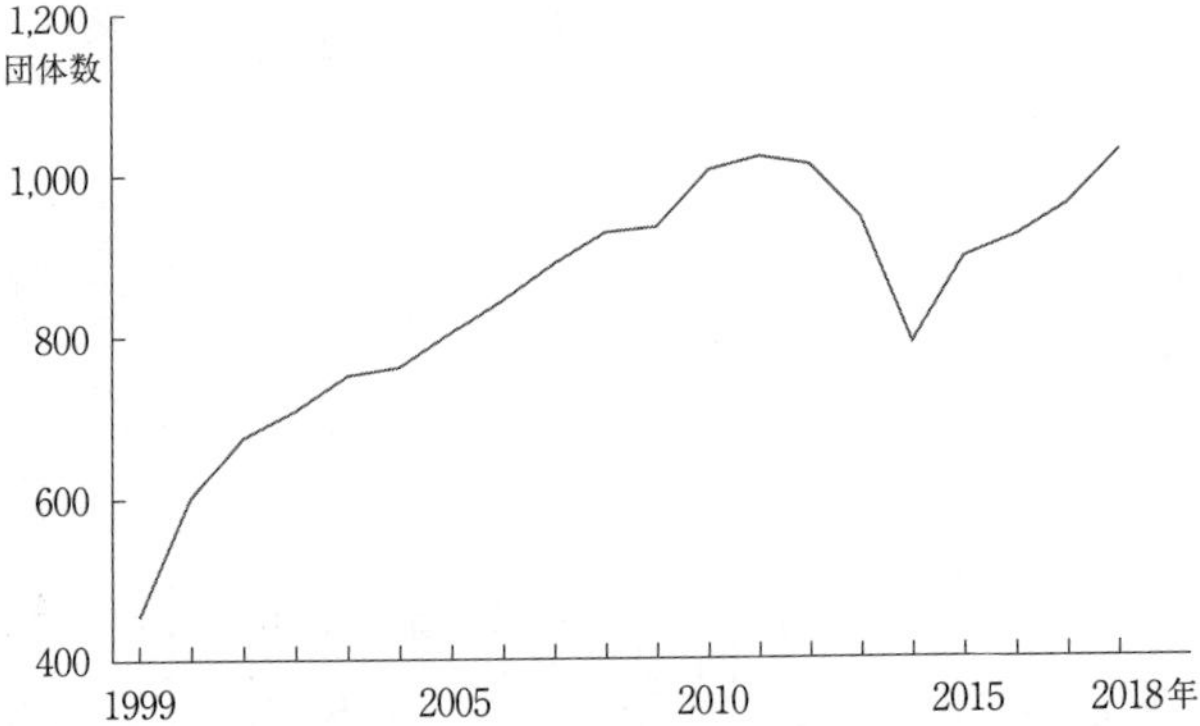


ヘイト団体数の変遷．過去20年で倍以上増加している
出所：SPLC.

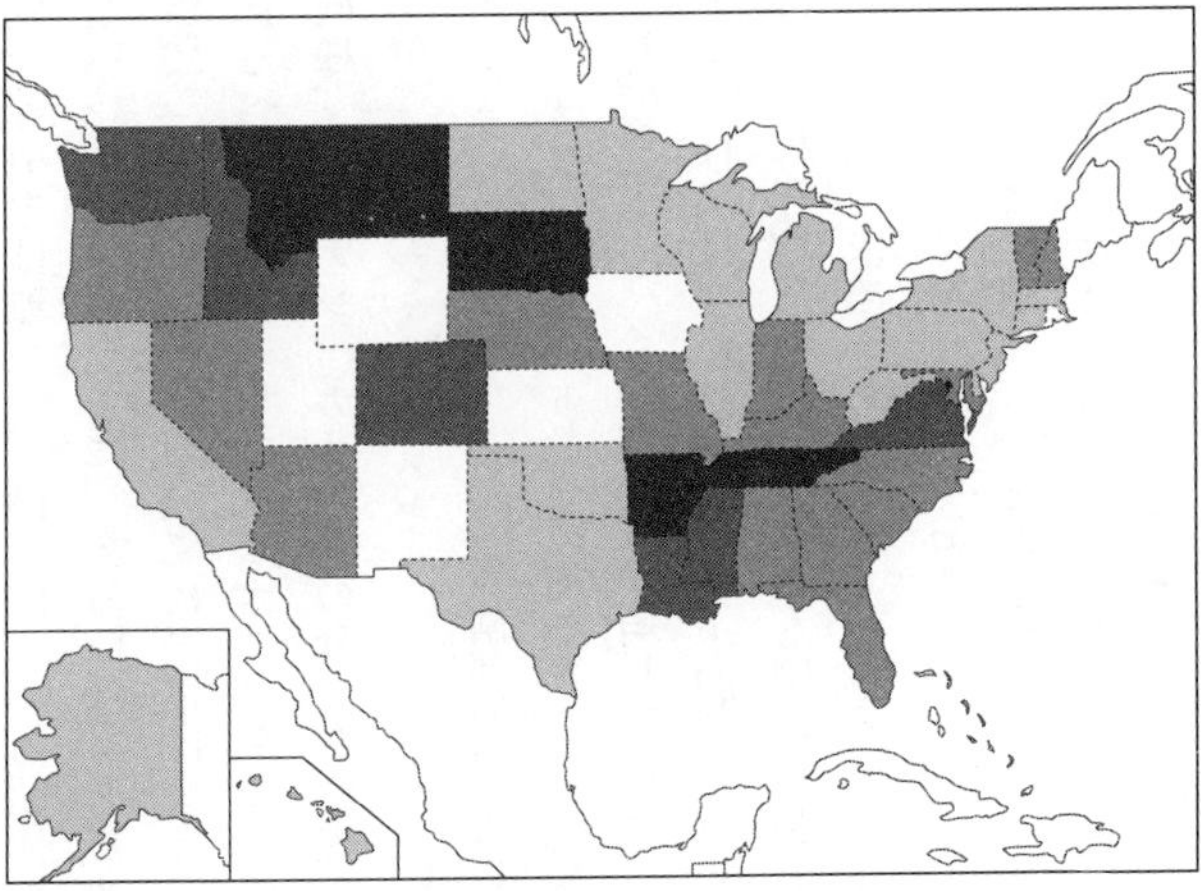

SPLCが公表している全米のヘイト団体の分布図「ヘイトマップ」．濃い地域ほど人口当たりの団体数が多い
出所：https://www.splcenter.org/hate-mapより作成.

ただし、特定の団体の分類に関する明確な線引きは難しい。例えば、ある団体が「反移民系」「ヘイト音楽系」「レイシスト・スキンヘッド系」の全てに、あるいは「クリスチャン・アイデンティティ系」「ホロコースト否定系」「ネオナチ系」の全てに当てはまる場合は十分にあり得る。あくまで便宜的な分類と捉えるべきだろう。ちなみにユダヤ系の人権団体「名誉毀損防止同盟」(ADL)も、SPLC同様、白人ナショナリストの動向を注視しているが、ADLでは「オルトライト系」「ネオナチ系」「レイシスト・スキンヘッド系」「伝統的白人至上主義系」(SPLCの分類におけるクー・クラックス・クラン系や新南部連合系に相当)、「クリスチャン・アイデンティティとオーディニズム(キリスト教化以前のゲルマン宗教。北欧神話の神オーディンに由来)系」「白人至上主義刑務所ギャング系」と分類している。

また、同じ「反移民」系の団体であっても一様ではない。ジェンダー間の平等や環境保護をどこまで重視するか。活動の射程を米国内に留めるのか、それとも国境を越えた汎白人(アーリア人)の連帯を目指すのか。漸次的な変化を求めるか、それとも急進的な変化か。非白人の国外退去を求めるか、それとも白人と非白人の分住か。グローバル社会における米国の優位を誇りとするか、それとも「グローバル社会」そのものを否定するか。キリスト教を西洋文明の核と見なすか、それともオーディニズムなども認めるか。無神論はどうか。どこまで暴力を容認するのか……。団体(ないしメンバー)によって立場はさまざまで、それゆえ内紛や対立の原因にもなり得る。

### 海外からの影響

SPLCの分類を見ていると、「クー・クラックス・クラン系」や「新南部連合系」のように米国特有の団体がある一方で、「ヘイト音楽系」や「レイシスト・スキンヘッド系」のようにイギリスの若者文化の影響を強く受けた団体があることに気づく。近年の「オルトライト」の影響は欧州にも及んでいるが、オルトライトもまた欧州から影響を受けている。

例えば、フランスやイタリア、オーストリア、オランダなど欧州各国では、世紀末から今世紀の初めにかけて「新右翼」——移民や外国人労働者の増大によって治安や衛生が悪化し、文化的アイデンティティが侵食され、国益が蝕まれていると主張する政治勢力——が擡頭した。帝国主義や植民地主義のように拡張主義的、好戦的な旧来のナショナリズムとは対照的に、むしろ冷戦後の「新世界秩序」(new world order) やグローバリズムに抗うナショナリズムである。国境管理・国防を強化し、国民国家=国民文化を防衛する、グローバリズムの象徴としてのEUから離脱する、国民経済を守るべく保護主義や自国民優先主義を推進するなどの主張を繰り広げている。新右翼の成功——とりわけフランスの国民戦線(現・国民連合)の躍進——は米国の白人ナショナリスト、なかでも若い世代を中心とするオルトライトの言説や戦略に影響を与えた。すなわち、拡張主義的・好戦的な旧右翼とは異なる「もう一つの右翼」としての自己規定である。

欧州の「新右翼」はイスラム、ユダヤ、ロマ（かつて「ジプシー」の蔑称で呼ばれ、ナチス・ドイツによるホロコーストの対象になった）などの影響を排し、自らの文化的アイデンティティを保持しようとするアイデンティタリアニズムと親和性が高かった。「オルトライト」という言葉を作ったリチャード・スペンサーは第一義的にはペイリオコンであるが、彼が代表を務める「ナショナル・ポリシー・インスティテュート」（NPI）のサイトでは、「何故、自分はアイデンティタリアンか」（Why I'm An Identitarian）というエッセイ・コンテストを開催している。また、パトリック・ケイシーが最高幹部を務める「アメリカン・アイデンティティ・ムーブメント」（AIM）もシャーロッツビルでの衝突事件前は「アイデンティティ・オイローパ」（IE）と称していた（同事件を契機にオルトライトのイメージが悪化したことから、現在、AIMはオルトライトとのつながりを否定している）。

もちろん、オルトライトも欧州発祥の反ユダヤ主義と無縁ではなく、「新世界秩序」とはユダヤ系による世界支配に他ならないと主張する声は根強い。前章で述べたように、例えば、有力サイト「ザ・デイリー・ストーマー」の命名はナチス・ドイツ時代の反ユダヤ系タブロイド紙『デア・シュテュルマー』に由来する。

また、米国自由党は二〇一三年に改名するまでは「米国第三の位置政党」（A3P）と称していたが、「第三の位置」という立場そのものは、第二次世界大戦後にイギリスやフランス、イタリアなどで隆盛したイデオロギーである。資本主義と共産主義の両方に反対し、保護主義と民族主義の混合を指向した点が特徴的で、ナショナリスト勢力の理論的支柱となった。

### 加速主義と暗黒啓蒙

これらの立場はいずれも（一般的な社会通念からすると）多文化主義や多文化共生、さらには民主主義や自由主義の原則と相容れないものである。従来の白人ナショナリストはこうした諸原則そのものを否定するというよりは、それらが自分たちに適用されていないこと、すなわち白人は「犠牲者」であるとの認識に立脚していた。この感覚はオルトライトにも共有されている。しかし、オルトライトの一部には、こうした諸原則そのものへの信頼を失っている者もいる。つまり、近代社会が依拠していた自由や平等といった（広義の）啓蒙主義を「ポリティカル・コレクトネス」＝政治的タテマエと一蹴し、むしろそこからの脱却、その破壊を急ぐべきだとする立場で「加速主義」（accelerationism）と称される。

基本的な発想そのものは、資本主義の深化・拡大が加速し、それが行き詰まりを迎え、崩壊した後に共産主義が出現するというマルクス主義のそれと変わらない。加速主義者は現行の「システム」――バノンの言う「闇の国家」(deep state)――を破壊するためには(暴力を含めた)過激で急進的な手段も排除しないと考える。二〇一九年三月にクライストチャーチ(ニュージーランド)のモスクで発生した銃乱射事件(五一人が死亡)の実行犯であるオーストラリア人の白人男性がネットに事前投稿した「マニフェスト」の小見出しには、「不安定化と加速主義――勝利への戦術」(Destabilization and Accelerationism: tactics for victory)と記されていた。

暴力を肯定する考えは決して新しいものではない。一九八〇年代にネオナチ系の活動家ジェームズ・メイソンが執筆した論考は、九二年に『攻囲せよ』(*Siege*:未邦訳)という題名で出版され、近年、加速主義の理論的根拠として再注目されている。メイソンは自らを「加速主義のNS(国家社会主義者)」(Accelerationist NS)と称し、「アトムヴァッフェン師団」の顧問を務めている。同師団は定期的に「ヘイト合宿」(hate camp)を開催、来るべき「人種戦争」(race war)に向けた

「アトムヴァッフェン師団」のヘイト合宿
出所:The Daily Beast.

本格的な武闘訓練を行っている。

ウィリアム・ピアースがアンドリュー・マクドナルド名義で一九七八年に発表した小説『ターナー日記』（*The Turner Diaries*：未邦訳）も有名で、ユダヤ系に支配された米連邦政府に対して白人の革命闘争を呼びかけている。一九九五年に発生したオクラホマ州オクラホマシティの連邦政府ビル爆破事件の主犯ティモシー・マクヴェイは同書の愛読者で、犯行の手口と小説の内容が類似していることが話題となった。

土台が腐食してしまった家屋は延命を図るよりも取り壊しを急いだ方がよい。加速主義者はそうした感覚を共有しており、アトムヴァッフェン師団や「ザ・ベース」（The Base）といった団体はマクヴェイらを英雄視しており、彼らが集うオンライン上のフォーラム「ファシスト・フォージ」（Fascist Forge）などでもそういった意見が見られる。その一方で、同じ白人ナショナリストとはいえ、シャーロッツビルでの衝突事件を契機に穏健化した一派は、彼らの激しい侮蔑の対象となる。

もっとも、加速主義そのものは極右思想や排外主義と同義ではなく、資本主義や技術革新のプロセスを際限なく進めることで大胆な社会変革を図る立場を指す。漸次的な改良主義とは対照的で、資本主義を根本否定する左派の急進主義とも異なる。目指す「社会変革」の中身はリバタリアン（自由至上主義者）のような自由社会の完徹から、マルキスト（マルクス主義者）のような資本主義崩壊後の共産社会の実現まで多種多様だ。

思想的な系譜としては、まず十九世紀のカール・マルクスやフリードリヒ・ニーチェなどを起源とし、一九七〇年代のジャン＝フランソワ・リオタール、ジャン・ボードリヤール、ジル・ドゥルーズ、フェリックス・ガタリなどの影響を受け、九〇年代以降はニック・ランド、近年はベンジャミン・ノイズらが批判的検討を進めている。いずれも欧州の思想家・批評家で、冷戦終結後の市場や情報のグローバル化と社会とのとり結び方の一つとして注目されている。資本主義や技術革新を「脅威」と捉え、抵抗するのではなく、むしろ「好機」と捉え、加速する道を選択する点が特徴的だ。

ただ、その過程においては、自由や平等、進歩、普遍性、多様性、民主主義、あるいは国家といった近代を支えてきた規範や制度そのものに縛られることなく、むしろそれらを加速に対する障壁と捉え、乗り越えようとする。啓蒙主義は壮大な「ポリティカル・コレクトネス」であり、それゆえパロディやアイロニー、ひいては破壊の対象にもなり得ると考える。ランドはこうした姿勢を「暗黒啓蒙」（dark enlightenment）と称した。アトムヴァッフェン師団やザ・ベースのような団体にとっては、暴力という過激な手段を、白人のエスノステート建設という「社会変革」のためのものと正当化する論拠として援用し得るものだ。

暴力だけとは限らない。加速主義の影響を受けた白人ナショナリストの中には、敢えて中東やアフリカなどからの移民の流入を促す者もいる。自らの人種意識に乏しい白人を覚醒させるには、移民の大量流入によって文化破壊を加速させ、危機感を喚起するほかないという考えからだ。「悪いほど良い」（worse is better）というわけだ。

いずれにせよ、オルトライトのイデオロギーは決して純粋な米国培養ではなく、欧州からさまざまな政治的・思想的な影響を受け、それらを「ナショナル」な目的のために習合させている。

## 共和党の苦悩

加速主義との直接的なつながりは不明だが、二〇一八年には「青銅器時代の変態」（Bronze Age Pervert）というペンネームで自費出版された『青銅器時代の思考態度』（*Bronze Age Mindset*：未邦訳）という本が、思想好きの白人ナショナリストの間で話題になった。アルトゥル・ショーペンハウアーやニーチェを参照しながら西洋文明の窮状を説き、社会正義を「おぞましい寄生主義」（disgusting parasitism）と一蹴。当然、「ポリティカル・コレクトネス」に対しては辛辣（しんらつ）だ。加えて、若者には「太陽と鉄」（sun and steel）の生活（＝肉体訓練）や入隊を促し、軍事政権さえ正当化する……。

過激な内容には違いないが、トランプ政権の国家安全保障会議（ＮＳＣ）の元報道官マイケル・アントンが親トランプ派の保守系論壇誌『クレアモント・レビュー・オブ・ブックス』（CRB）に好意的な長編書評を寄せたこともあり、同書は白人ナショナリスト以外からも注目を集めることになった。政治サイト「ポリティコ」によると、アントンは、シリコンバレーの起業家で、バノンとも近いカーティス・ヤーヴィンから同書を渡され、ダレン・ビーティにも目を通すよう強く勧められたという（*Politico*, August 23, 2019）。ヤーヴィンはメンシウス・モールドバクというペンネームで言論活動を行い、政治的な自由よりも、国家全体の機能を重視する「新官房学」（neo-cameralism）を提唱している。君主制への回帰すら擁護するその姿勢は「新反動主義」（neo-reactionism）と称され、ランドの「暗黒啓蒙」に強い影響を与えた。ビーティは前章で記したようにトランプ氏のスピーチライターを務めていたが、白人ナショナリストとの距離の近さから職を追われた人物である。

『タイム』誌の表紙「私を王様にしたまえ（King Me.）」
出所：http://time.com/5303844/donald-trump-king-cover/

米『タイム』誌は「私を王様にしたまえ」（King Me.）という見出しを付したトランプ氏の

風刺画を掲載している（*TIME*, June 18, 2018）。政治家としてもワンマン経営者のごとく振る舞うトランプ氏だが、加速主義者にとって、従来の制度や規範に囚われない「破壊者」としての姿は「救世主」のそれとして肯定し得るものだ。そして、加速主義者の破壊願望そのものは、抽象的な議論に関心のない大多数の白人ナショナリスト、さらにはトランプ氏の中核的な支持基盤の一つとされる白人労働者をつなぐ通奏低音となっている。

しかし、共和党はそれで良いのだろうか。

歴史を振り返れば、黒人と白人の人種隔離が制度的に認められていた一八七〇年代から一九五〇年代にかけて、共和党でも民主党でも黒人差別に対する認識は総じて低かった。全米世論調査センター（NORC）が一九四〇年代半ばからの約一〇年間に行った調査によると、白人の六〇パーセント以上が「黒人は平等に扱われている」と回答している（そう答えた黒人は一九五六年で一一パーセント）。保守的な白人が多かった南部は民主党の牙城で、同党のジョージ・ウォレスがアラバマ州知事に初当選した一九六二年の選挙スローガンは「今ここで人種隔離を！　明日も人種隔離を！　永遠に人種隔離を！」だった。しかし、公民権運動を契機に、民主党は多様性を重視する政党へと変貌（へんぼう）を遂げていった。

保守的な白人の受け皿になった共和党は、民主党に比べると、より白人ナショナリズムが入り込みやすい素地があった点は否定できない。もちろん、共和党の主流派はKKKなどからの支持表明に対してはそれを受けることを拒否し、差別的言動を非難してきた。前章で記したように、今日でも、白人ナショナリストとの癒着(ゆちゃく)が指摘されるスティーブ・キング下院議員(アイオワ州選出)は一切の委員会職から排除されている。論壇の世界でも、保守派の重鎮ウィリアム・バックリー・ジュニアが、一九六〇年代以降、反公民権運動の急先鋒だった「ジョン・バーチ協会」(JBS)を保守主義運動から締め出したことは有名だ。

しかし、二〇一八年の世論調査によると、白人が黒人に対して「Nワード」(公の場で用いることがはばかられている黒人の蔑称)を用いることを人種差別的と考えるのは、ヒラリー・クリントン支持者で八六パーセントだったのに対し、トランプ支持者で三三パーセントだった。二〇一九年にトランプ氏が四人の非白人の民主党女性議員に「(米国が嫌なら)この国を去ればいい」とツイートしたことに対して、回答者の半数以上が人種差別的と捉えたのに対し、共和党員では五人に一人だった(*Washington Post*, July 30, 2019)。

二〇一九年夏にワシントンD.C.で開催された「国民保守主義会議」(NCC)では、グローバリズムに対するナショナリズム、あるいは個人主義に対する集合主義、理念重視に対する伝統重視の姿勢が全体的な基調を成していた。保守主義といっても、米国ではあくまで自由主義——貴族主義でも社会主義でもなく、政治的・経済的に自由な市民を社会の基本単位とする立場——という啓蒙理念へ向けた態度の一つに過ぎなかった。現時点で判断するのは時期尚早だが、同会議の射程は、むしろ保守主義を自由主義そのものへの対抗概念に位置づけようとする点にあるのかもしれない。保守政党としての共和党は「国民保守主義」運動とどう向き合ってゆくのだろうか。トランプ政権はいずれ終わりを迎えるが、トランプ時代の残響は共和党の未来を拘束し続けるのだろうか。

# 第4章　白人ナショナリズムをめぐる論争

The Ford International Weekly

THE DEARBORN INDEPENDENT

One Dollar　　Dearborn, Michigan, May 22, 1920　　Five Cents

*The International Jew: The World's Problem*

*"Among the distinguishing mental and moral traits of the Jews may be mentioned: distaste for hard or violent physical labor; a strong family sense and philoprogenitiveness; a marked religious instinct; the courage of the prophet and martyr rather than of the pioneer and soldier; remarkable power to survive in adverse environments, combined with great ability to retain racial solidarity; capacity for exploitation, both individual and social; shrewdness and astuteness in speculation and money matters generally; an Oriental love of display and a full appreciation of the power and pleasure of social position; a very high average of intellectual ability."*

*—The New International Encyclopedia.*

THE Jew is again being singled out for critical attention throughout the world. His emergence in the financial, political and social spheres has been so complete and spectacular since the war, that his place, power and purpose in the world are being given a new scrutiny, much of it unfriendly. Persecution is not a new experience to the Jew, but intensive scrutiny of his nature and super-nationality is. He has suffered for more than 2,000 years from what may be called the instinctive anti-semitism of the other races, but this antagonism has never been intelligent nor has it been able to make itself intelligible. Nowadays, however, the Jew is being placed, as it were, under the microscope of economic observation that the reasons for his power, the reasons for his separateness, the reasons for his suffering may be defined and understood.

In Russia he is charged with being the source of Bolshevism, an accusation which is serious or not according to the circle in which it is made; we in America, hearing the fervid eloquence and perceiving the prophetic ardor of young Jewish apostles of social and industrial reform, can calmly estimate how it may be. In Germany he is charged with being the cause of the Empire's collapse and a very considerable literature has sprung up, bearing with it a mass of circumstantial evidence that gives the thinker pause. In England he is charged with being the real world ruler, who rules as a super-nation over the nations, rules by the power of gold, and who plays nation against nation for his own purposes, remaining himself discreetly in the background. In America it is pointed out to what extent the elder Jews of wealth and the younger Jews of ambition swarmed through the war organizations—principally those departments which dealt with the commercial and industrial business of war, and also the extent to which they have clung to the advantage which their experience as agents of the government gave them.

IN SIMPLE words, the question of the Jews has come to the fore, but like other questions which lend themselves to prejudice, efforts will be made to hush it up as impolitic for open discussion. If, however, experience has taught us anything it is that questions thus suppressed will sooner or later break out in undesirable and unprofitable forms.

The Jew is the world's enigma. Poor in his masses, he yet controls the world's finances. Scattered abroad without country or government, he yet presents a unity of race continuity which no other people has achieved. Living under legal disabilities in almost every land, he has become the power behind many a throne. There are ancient prophecies to the effect that the Jew will return to his own land and from that center rule the world, though not until he has undergone an assault by the united nations of mankind.

The single description which will include a larger percentage of Jews than members of any other race is this: he is in business. It may be only gathering rags and selling them, but he is in business. From the sale of old clothes to the control of international trade and finance, the Jew is supremely gifted for business. More than any other race he exhibits a decided aversion to industrial employment, which he balances by an equally decided adaptability to trade. The Gentile boy works his way up, taking employment in the productive or technical departments; but the Jewish boy prefers to begin as messenger, salesman or clerk—anything—so long as it is connected with the commercial side of the business. An early Prussian census illustrates this characteristic: of a total population of 269,400, the Jews comprised six per cent or 16,164. Of these, 12,000 were traders and 4,164 were workmen. Of the Gentile population, the other 94 per cent, or 153,236 people, there were only 17,000 traders.

A MODERN census would show a large professional and literary class added to the traders but no diminution of the percentage of traders and not much if any increase in the number of wage toilers. In America alone most of the big business, the trusts and the banks, the natural resources and the chief agricultural products, especially tobacco, cotton and sugar, are in the control of Jewish financiers or their agents. Jewish journalists are a large and powerful group here. "Large numbers of department stores are held by Jewish firms," says the Jewish Encyclopedia, and many if not most of them are run under Gentile names. Jews are the largest and most numerous landlords of residence property in the country. They are supreme in the theatrical world. They absolutely control the circulation of publications throughout the country. Fewer than any race whose presence among us is noticeable, they receive daily an amount of favorable publicity which would be impossible did they not have the facilities for creating and distributing it themselves. Werner Sombart, in his "Jew and Modern Capitalism" says, "If the conditions in America continue to develop along the same lines as in the last generation, if the immigration statistics and the proportion of births among all the nationalities remain the same, our imagination may picture the United States of fifty or a hundred years hence as a land inhabited only by Slavs, Negroes and Jews, wherein the Jews will naturally occupy the position of

「国際ユダヤ人 世界の問題」との見出しが付けられた自動車王ヘンリー・フォード傘下の『ディアボーン・インディペンデント』紙

### なぜ白人ナショナリストになるのか

今回、多くの白人ナショナリストのリーダーたちと会うなかで、特に印象的だったことの一つは、高学歴の者が少なくなかった点である。ジャレド・テイラーやウィリアム・ジョンソン、リチャード・スペンサー然り。ネオナチ系のウィリアム・ピアースは政治活動を本格化する前はオレゴン州立大学で物理学を、新南部連合系のマイケル・ヒルはスティルマン・カレッジで歴史学を、ホロコースト否定派のケヴィン・マクドナルドはカリフォルニア州立大学ロングビーチ校で心理学を、それぞれ教えていた。医師、弁護士、コンサルタント、エンジニア、あるいは有力大学の学生などにも数多く遭遇した。

長年、反移民系団体の弁護士を務め、人権団体などから白人ナショナリストとの癒着を批判されるカンザス州の前州務長官（州の上級行政官）クリス・コバックは、ハーバード大学を学部最優秀（summa cum laude）の成績で卒業（指導教官はサミュエル・ハンティントン）後、マーシャル奨学生としてオクスフォード大学に留学し、博士号を取得。さらにイェール大学の法科大学院を修了している。教鞭を執ったミズーリ大学からはテニュア（終身雇用資格）を取得し、一時はトランプ政権での移民政策全体を統括する重要ポストへの指名が取り沙汰された（その後、二〇二〇年の連邦上院選への出馬を表明）。

彼らはいずれも経歴上、安定した立場にあり、わざわざリスクのある活動や団体に関与しなくても良さそうに思える。一体何が彼らをそこまで駆り立てているのか。

当然ながら、ナショナリストとして生まれてくる者はいない。また、私が知る限り、他の人種を単なる外見、ないし生理的理由から拒絶している者は皆無に等しい。日常生活では隣人、友人、同僚として親しく接している場合がほとんどだ。この点、日本におけるコリアン系などへの排斥運動に違和感を覚える者が少なくなかった。「日本人もコリアンも人種的には同じです。しかも、コリアンは日本社会に同化しているので何ら問題ないのでは」「コリアン系の自宅や学校、職場にまで出向き立ち退きを求めるのは直接的すぎる（too direct）と思います」……。

また、白人ナショナリストだからといって、非白人が多数派の国々を否定するわけでも、ましてや支配しようとしているわけでもない。日本のような同質性の高い社会には敬意を抱いており、介入主義やグローバリズムには否定的だ。あくまで、本来、白人が礎を築いてきた米国（ならびに欧州など）で、白人が不当な扱いを受けていること、礎そのものが覆されつつあることへの異議申し立てという位置づけである。上の世代の場合は公民権運動が、下の世代では進学や就職の際のアファーマティブ・アクション（積極的差別是正措置）が大きな契機となっている場合が多い。そして、どちらの世代も、今日の米国を覆っている「ポリティカル・コレクトネス」（PC）は自由を脅かす「言論統制」の一種であり、その推進者や擁護者を「コミー」（commie、共産主義者の蔑称）と糾弾する。

果たして、自分たち白人は咎められ、赦しを請うだけの存在なのか。胸を張るべき伝統や血筋もあるのではないか。こうした感覚に個々人の経験が重なってナショナリズムに傾倒している場合が多いようである。若い世代では、友人や家族との関係が上手く行かず、社会的に孤立するなかで、オルトライトのオンライン・コミュニティなどに居場所を見出し、過激化してゆく場合も少なくない。

ジョンソンの場合、モルモン教が運営するブリガムヤング大学（ユタ州）在学中の一九七〇年代半ばに、宣教師として日本（東北地方）で二年間過ごしたことが大きいという。「素晴らしい経験でした。人びとは米国や白人に憧れを抱いているようで、まるでセレブのように厚遇されました」。その後、ジョンソンは八一年にコロンビア大学の法科大学院を修了、東京の法律事務所で二年間勤務し、米国に戻る。八五年、米国の市民権を白人に限定し、非白人の賠償付き本国送還を可能にする憲法の修正条項を求める著書を「ジェームズ・ペース」というペンネームで執筆した。

テイラーの場合、三十代までは筋金入りのリベラルだった。「平和部隊の理念に共鳴し、十九歳のとき、イェール大学を休学して、アフリカのコートジボワールを訪れました。かつてフランスの植民地だったこともあり、とても繁栄していました。その次に隣国のリベリアを訪れたのですが、あまりの困窮ぶりに驚き、地元の大学生に理由を尋ねると、「当たり前です。コートジボワールは白人がいたから発展したのです」と自虐的に述べていたことに驚きました。一九七一年頃の話です」。この時に白人であることを誇って良いのだと気づいたという。その後、歴史や経済を学ぶにつれ、リベラルが「幻想」(illusion)に過ぎないと確信。三十九歳だった一九九〇年に『アメリカン・ルネサンス』(AmRen)を刊行するに至った。

## リベラル派の欺瞞

テイラーのようにリベラル派から転向した者は珍しくない。反イスラム・反移民系の著名な論客デヴィッド・ホロウィッツもその一人だ。現在はハリウッドの近くにある「デヴィッド・ホロウィッツ自由センター」（DHFC）——前身は一九八八年に同氏が設立した反リベラル派の「ポピュラーカルチャー研究センター」（CSPC）——の代表を務めている。

ホロウィッツの両親はロシア系のユダヤ人で、米国共産党（CPUSA）の熱心な党員だった。同氏もコロンビア大学の学生だった一九五〇年代半ばから二〇年近くマルクス主義に傾倒し、新左翼運動を牽引。七〇年代前半には急進的な黒人解放団体「ブラックパンサー党」（BPP）にも加わった。しかし、七五年に知人が同党のメンバーに殺害されたことを知り左翼陣営の腐敗や暴力性に幻滅。八〇年代以降、急速に右旋回を強めた。

同氏とは数回メールでやり取りをした。「「白人ナショナリズム」に対する告発は、左翼や民主党が、それとは無関係どころか公に拒絶さえしている保守派——ドナルド・トランプやマイロ・ヤノプルスが好例です——に汚名を着せるために行っているマッカーシー流（＝赤狩り）のやり口です」「「白人ナショナリズム」を米国の重要な運動ないし現象と捉えることは学術研究の名に値しないでしょう。それは左翼が名誉毀損（character assassination）のために用いているだけの表現です」。

「民主党を含む米国の左翼は「アイデンティティをめぐる政治」（identity politics）という名目のもとに文化的マルクス主義を支持しています。マルクス主義流の抑圧モデルに従い、それを人種、ジェンダー、性的指向、とりわけ人種に当てはめてきました。彼らは、例えば、不法移民への反対は米国を再び白くしようとする欲望の証だと解釈します。実際、ナンシー・ペロシ（下院議長、民主党）は何度もそう述べています。そして、反対派を、皆、人種差別主義者と見なすのです」

テイラーはリベラル派の「幻想」を次のように説明する。「同じ人種同士で集う方が安心できるのはごく自然なことです。社会は集合的な帰属意識や共同体への誇りの上に成り立つもので、人種はその重要な構成要素の一つです。人種ごとに社会の作り方に違いがあるのも当然で、人種が異なれば、自ずと摩擦が生じます。その現実に目を瞑ることが政治的に正しく、「多様性は力」とされますが、それはあくまで願望であって、歴史的事実ではありません。さらに言えば、人種ごとに遺伝子が異なり、知能指数の差がある現実も直視しなくてはなりません。米国に暮らす北東アジア系の収入、試験の点数、教育水準が白人よりも高いのは、彼らが賢いからです。同様に、白人はヒスパニック系より賢く、ヒスパニック系は黒人より賢いのです。この現実を看過してしまうと、ヒスパニック系や黒人の失敗の責任を「社会」、すなわち「白人」が背負わされることになります」。

公民権活動家として著名な黒人牧師ジェシー・ジャクソンをめぐる一件は興味深い。二〇〇八年の大統領選の最中、同牧師は、テレビ局のインタビューの合間にバラク・オバマ候補のことを「バラク……。彼は上から目線で黒人に話をする」と小声で貶した。ところが、そ

2010年3月にナショナル・プレスクラブで行われたイベントで握手するジャクソン牧師（左）とテイラー

の言葉がマイクに拾われ、同牧師は民主党内から非難の的となった。曰く「人種の壁を超えようと訴えるオバマに対し、同牧師は「黒人」に固執し続けている」「黒人や民主党の分裂を助長しかねない」等々。

しかし、テイラーを含む一部の白人ナショナリストからは、「長年、黒人の権利拡大のために奮闘してきた同牧師こそ敬意に値する」といった擁護が相次いだ。「脱人種」（post-racial）の立場を採ったオバマを称賛するのは、人種を直視しようとしないリベラル派の欺瞞であり、むしろ同牧師を批判したリベラル派の方が人種差別的というわけだ。

人種の違いに目を閉ざすことが人種差別なのか。それとも人種に固執することこそが人種差別だと非難すべきなのか。白人ナショナリストの立場は一様ではなく、争点や状況によっても異なる。しかし、リベラル派はそのいずれにも当てはまるというわけだ。白人ナショナリストが「南部貧困法律センター」（SPLC）のような人権団体を「極左」「ヘイト団体」「人種差別主義者」などと批判するのはそれゆえである。SPLCを逆告発する「SPLC

EXPOSED」や「Watching the Watchdogs」（「番犬を監視する」の意）などのサイトも存在する。SPLCに「ヘイト団体」と認定された団体による訴訟も起きている。

二〇一八年秋にはSPLCで人種差別や性差別が横行している実態が内部告発され、理事長らが辞任に追い込まれた。保守派のトム・コットン上院議員（共和党、アーカンソー州選出）は翌年春、米国内国歳入庁（IRS）に書簡を送付し、組織ガバナンスに加え、政治的中立性、経理状況（資産五億ドル、うち一億二〇〇〇万ドル以上がオフショア口座に保管）などの観点から、SPLCが非課税の非営利公益法人、いわゆる501（C）（3）団体に相応しいか調査するよう求めた。

SPLCが「ブラック・ライブズ・マター」（BLM、黒人人権保護運動団体）や「アンティファ」を「ヘイト団体」に認定しないことへの批判もある。しかしSPLCは、どちらも人種差別に対する抗議活動を主としており、特定の人種や宗教、ジェンダー、性的指向などを差別していないと反論。その一方で、黒人ナショナリスト系の「新ブラックパンサー党」（NBPP、一九八九年設立）や「ネーション・オブ・イスラム」（NOI、一九三〇年）などは「ヘイト団体」と認定している。

私自身はこのSPLCの立場を妥当と考える。しかし、白人ナショナリストは自らが行っていることも人種（＝白人）差別に対する抗議活動だと反論するだろう。両者の認識の乖離は大きい。

### 社会構築主義vs.人種現実主義

白人ナショナリストに関して、高学歴の者が多かった点に加え、もう一つ印象的だったことは「人種思考」（racial thinking）の強さである。

「人種」については幾通りもの分類法が存在するが、いずれも生物学的な根拠に乏しく、人種「内」格差のほうが人種「間」格差より大きい場合も少なくない。それゆえ、科学的概念としては「人種」は淘汰（とうた）される傾向にある。

もちろん、現実世界において「人種」は人口に広く膾炙している。しかし、人類学や社会学、歴史学、遺伝学などでは、人種概念を「所与」ではなく「構築」されたものとして捉えること――いわゆる社会構築主義（social constructionism）――が主流となっている。つまり、「〇〇人種の特徴は何か」ではなく、いつ、どこで、誰が、何を以て、誰に対して、何のために、どのように「〇〇人種」を線引き（分類）し、特徴付けようとしてきたかが、より本質的な問いというわけである。

これに対し、テイラーは「米国最大のタブーは人種間の能力の違いを認めようとしないこと。人種間には遺伝子によって規定され、継承される明確な差異がある」という。いわゆる

「科学的人種差別主義」(scientific racism) と同義であり、逆に、人種現実主義からすると社会構築主義は「文化的マルクス主義」(cultural Marxism) に他ならないということになる。

二〇一九年六月、テイラーはCNNテレビで国際問題評論家ファリード・ザカリアのインタビューを受けた。ザカリアは社会構築主義の見地から「白人」の厳密な定義をテイラーに求めたのに対し、テイラーは人びとが必ずしも「白人」を厳密に定義して現実生活を送っているわけではないと反論。両者の見解が嚙み合うことはなかった。私には「白人」の定義の曖昧さを衝いた点はザカリアが優勢だったが、ザカリアが同じ厳密さを「黒人」や「アジア系」「ヒスパニック系」の地位向上を掲げる団体や活動家にも問うのか疑問に思った。「黒人」「アジア系」「ヒスパニック系」なども科学的概念ではなく、日常生活で用いられる記述的概念に過ぎない。

白人ナショナリストの場合、記述的概念である「白人」を科学的概念のごとく扱い、自らの政治的主張に援用している点が非科学的で危険に映るということだ。

## 「人種的自殺」

科学と人種の結びつき自体は新しいことではない。十八世紀後半には頭蓋骨の解剖学的特徴に基づく「人種」の分類や序列化が行われていた。二十世紀に入ると「米国人類学の父」の異名を持つフランツ・ボアズ（コロンビア大学教授）らが身体的特徴は環境によって変化し得ると説き、生物学的な決定論や進化論的な人種主義を批判。しかし、その後、人種主義は優生思想と結びつき、一九〇三年に設立された「米国育種家協会」（ABA）は一四年には「米国遺伝学協会」（AGA）へと改組し、優生学運動を牽引した。

一九一六年に『偉大な人種の消滅』を著した法律家・優生学者のマディソン・グラントは、二二年に経済学者のアーヴィング・フィッシャー（イェール大学教授）らと「米国優生学協会」（AES）を設立。断種法（優生学上の見地から、手術によって「不適者」の生殖機能を失わせることを認める法）の拡大に努めた。米国では〇七年にインディアナ州で世界初の断種法が成立し、最終的には三二州にまで広がった。ちなみに、ドイツのナチス政権は米国の断種法を研究し、三三年に独自の断種法を制定。日本では四〇年に国民優生法が成立し、戦後の旧優生保護法（一九四八〜九六年）へと継承されていった。

グラントの弟子的存在だった歴史学者ロスロップ・ストッダードは二〇年に出版した『有色人の勃興』（*The Rising Tide of Color Against White World-Supremacy*）において、北方人種（Nordics）は遺伝的に劣性である（表現型として次世代に表れにくい）ため、他の下等人種から隔離し、保護する必要があると唱えた。異人種間結婚や移民流入、女性の未婚・晩婚化が

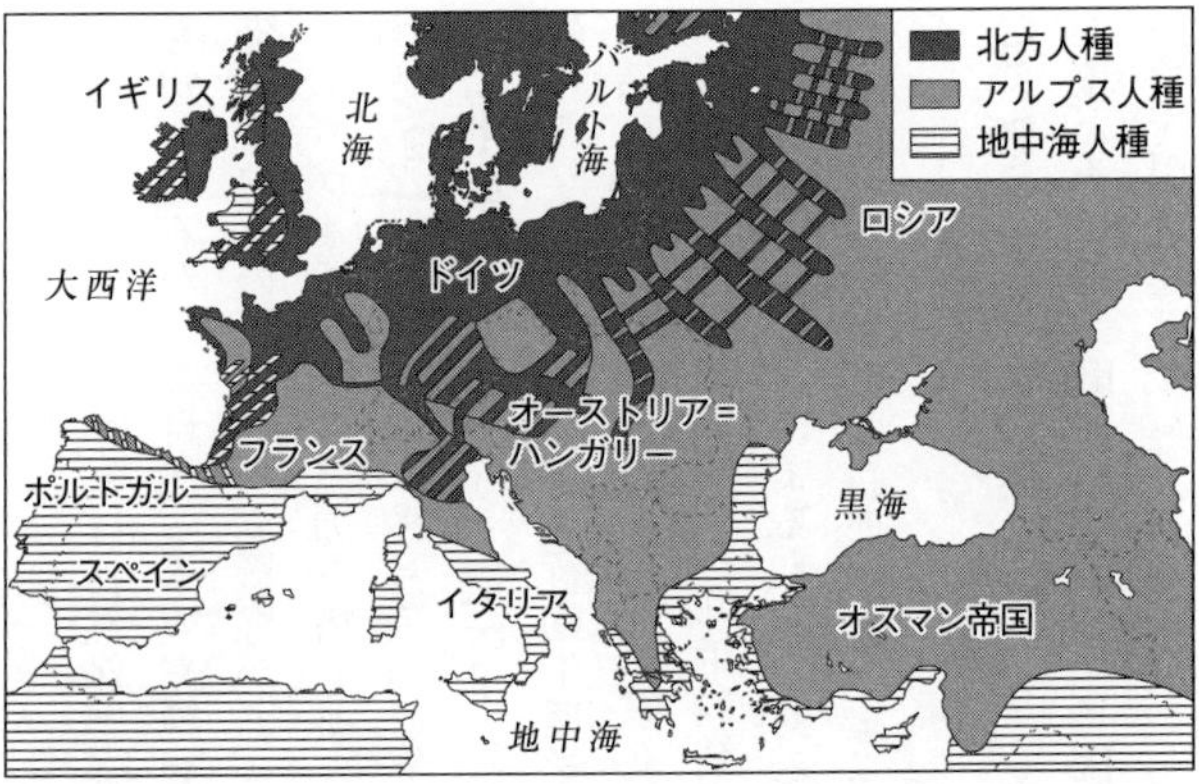


マディソン・グラントによる欧州の人種図．北方人種（Nordics），アルプス人種（Alpines），地中海人種（Mediterraneans）に三分類している

「人種的自殺」（race suicide）につながりかねないとの懸念が「科学」を援用しながら主張されるようになったのもこの頃である。

米国では一八九〇年代から一九二〇年代は「改革（進歩）主義の時代」と称され、科学的・合理的思考に基づく社会や政治の改革が進んだ。だが、この時代を代表する共和党のセオドア・ルーズヴェルト大統領（在任期間一九〇一〜〇九年）や民主党のウッドロー・ウィルソン大統領（在任期間一九一三〜二一年）――どちらもノーベル平和賞を受賞している――も優生学を支持しており、人種の優劣に言及している。ルーズヴェルトは「人種的自殺」を「文明最大の問題」と称し、ウィルソンは連邦機関における人種隔離を進めた（Thomas Leonard, *Illiberal Reformers*, 2016）。

ちなみにルーズヴェルトはグラントと親しく、『偉大な人種の消滅』にも推薦文を寄せている。ルーズヴェルトは自然保護運動に熱心で、現在の国立公園制度の基礎を築いたことでも知られるが、大自然の景観や絶滅危惧種を保護する発想の背景には、彼自身が属した上流階級や白人の衰退への危機感があったとする見方もある。グラントもまた自然保護主義者で、ルーズヴェルトへの協力を惜しまなかった（Jedediah Purdy, "Environmentalism's Racist History", *The New Yorker*, August 13, 2015）。

二十世紀後半に入り、遺伝子（ゲノム、ＤＮＡ）研究が進化するにつれ、進化生物学、動物行動学、社会生物学、行動生態学や進化心理学、行動遺伝学などの分野で人種と遺伝子の関係が論じられることが多くなった。例えば、心理学者アーサー・ジェンセン（元カリフォルニア大学教授）は一九六九年に発表した論文で、白人と黒人の知能指数（ＩＱ）の差は主として遺伝的要素によるものであるとし、両者の差を是正しようとする補償教育の限界を指摘した。九四年には心理学者リチャード・ハーンスタイン（ハーバード大学教授）と政治学者チャールズ・マレー（アメリカン・エンタープライズ研究所特別研究員）が『ベルカーブ』（*The Bell Curve*：未邦訳。「ベルカーブ」は正規曲線の意）を出版。白人と黒人の間の知能指数の差とその社会的帰結を論じ、貧困層の救済策の有効性に疑問を呈したこともあり、激しい論争を引き起こした。

### 「生物学的多様性」の論理

しかし白人ナショナリストにより直接的な影響を与えたのは、一九九五年に出版された、カナダの心理学者J・フィリップ・ラシュトン（西オンタリオ大学教授）の『人種 進化 行動』(*Race, Evolution and Behavior*) である。脳容量、知能指数、成熟速度、人格、婚姻の安定性などの観点から、黒人よりも白人、白人よりもアジア人の優勢を指摘。人種の優劣と遺伝子の相関関係に踏み込んだ点で、『ベルカーブ』よりもはるかに大胆かつ挑発的だった。同書は白人ナショナリストにとって、「生物学的多様性」(biological diversity) の論理のもと、白人と他人種との隔離や反移民、アファーマティブ・アクション撤廃などを主張する根拠となった。

これまで参加した白人ナショナリストの会合では、数多くのデータを示しながらこうした言説がなされるのを幾度となく耳にした。「もう人種差別はないのに人種間格差があるのは遺伝的差異による」「自分たちはアジア人の能力的優位を認めており、人種差別主義者ではない」「ヒスパニック系は黒人よりも優るが、白人には大きく劣る」「サブサハラ（サハラ砂漠以南）のアフリカでの黒人の人口爆発は世界で最も由々しき問題だ」「ヒスパニック系による米国侵略を防ぐにはメキシコ国境壁が不可欠だ」……。心理学者ケヴィン・マクドナルド（元カリフォルニア州立大学教授）やカナダの心理学者ジョーダン・ピーターソン（トロント大学教授）などは人気の論客だ（マクドナルドはジョンソンの盟友で、現在、「米国自由党」の要職を務める）。彼らのような白人ナショナリストが好む『マンカインド・クォータリー』（MQ）は査読付きの人類学の学術誌という位置づけだが、人類学会や人権団体などからは

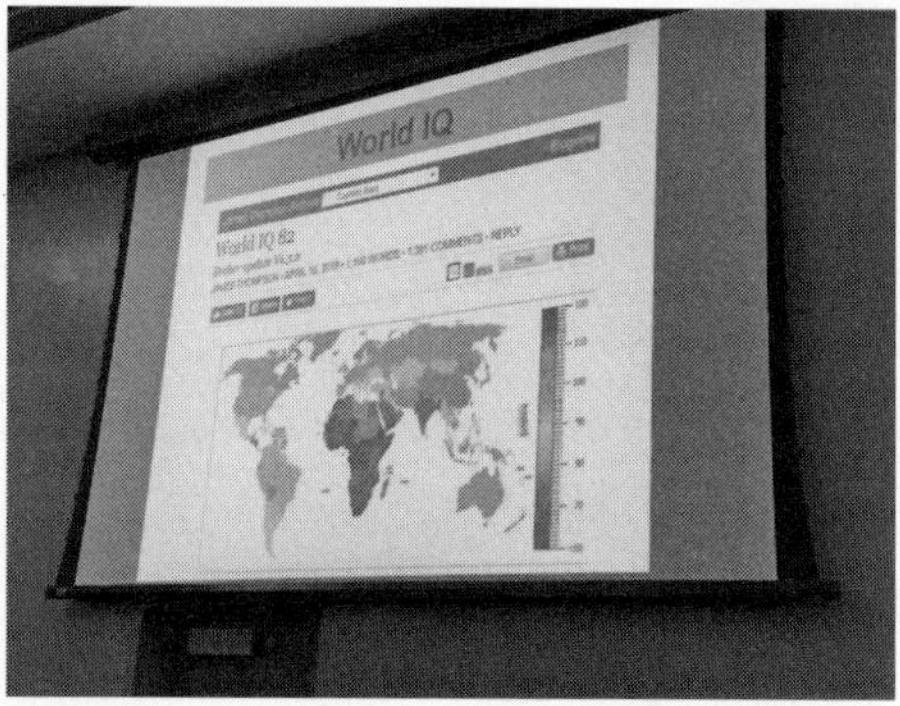


「アメリカン・ルネサンス」の年次会合で投影されたデータ．知能指数を世界の地域別に示している

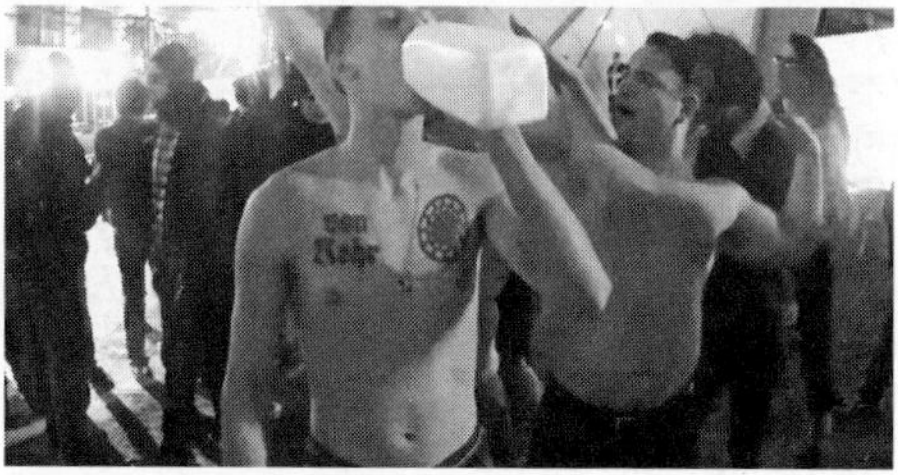

牛乳を一気飲みする白人ナショナリストの男性たち
出所：YouTube.

「白人至上主義者の雑誌」「科学的人種差別主義の温床」との批判が絶えない。

ちなみに最近、若者の間で流行したのは、牛乳などに含まれる乳糖を消化する酵素（ラクターゼ）を多く有している白人とは異なり、黒人やアジア系は牛乳を飲むとお腹を壊すという説だ。白人ナショナリストの中には、牛乳を一気飲みする動画を投稿し、「牛乳が飲めないなら（米国から）去れ」と主張する者まで現れた。牛乳は彼らのシンボルとなった。

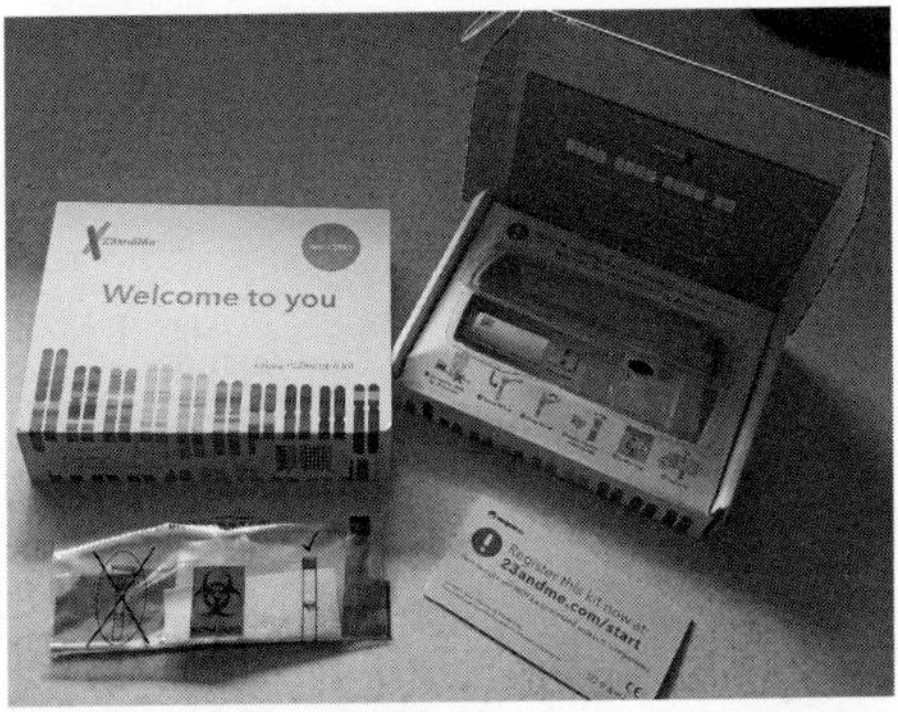

自宅でできる遺伝子検査キット
出所：Jennifer K. Bauer.

社会学者のアーロン・パノフスキー（カリフォルニア大学ロサンゼルス校准教授）とジョアン・ドノバン（ハーバード大学研究員）は、白人ナショナリストの間で自らの「種の純潔」を証明する手段として人気の高い、DNAで祖先のルーツを探す遺伝子検査（GAT）に注目。ノースダコタ州グラント郡リースで土地を購入し、地元の政治への影響力を高め、白人の占有地を作ろうとしている白人ナショナリストのクレイグ・コブという人物が、二〇一三年、テレビのトーク番組で他の出演者から挑発されたことを契機にＧＡＴを受けた顚末(てんまつ)を紹介している。それによると、最初に受けたＧＡＴでアフリカ系の血を一四パーセント有していることが判明し、コブは周囲から失笑や罵倒の対象となった。そこで他の会社のＧＡＴを受けたところ、「圧倒的に欧州系白人」との結果を得ることができた。コブは最初のＧＡＴを実施した会社が「「ゴミ屑(くず)の科学」（junk science）を広めようとするユダヤ人の陰謀に荷担している」と批判した。パノフスキーらはこのように「種の純潔」が証明できなかった場合の白人ナショナリストの反応を詳細に分析している（Aaron Panofsky and Joan Donovan, "Genetic ancestry testing among white nationalists", in *Social Studies of Science*, Vol. 49, Number 5, October 2019)。

### 遺伝学の陥穽

遺伝（自然、生物）と環境（文化、社会）のどちらが個人や集団により大きな影響力を有しているかは議論の絶えないテーマであるが、少なくとも、科学と人種の関係を論ずる際には以下の点に留意する必要があろう。

- 差異の基準そのものが多数派や有力者の価値観を反映していないか。
- 多数派や有力者が上位にくるようにデータを収集、解釈していないか。

・一見、生物学的に見える差異も、実は社会的、歴史的に育まれたものではないか。
・分析に用いるデータセットやアルゴリズムに偏りはないか。

例えば、一九九〇年代以降、米国では国立衛生研究所（NIH）などが中心となって世界のゲノム研究をリードしてきた。その際、科学としての客観性を担保すべく、サンプルの多様性を重視し、「非白人」を積極的に臨床実験に加える方針を打ち出したところ、「白人か否か」という発想そのものが、非科学的で時代錯誤であるとの批判が湧き上がった。多様性を重んじようとする姿勢が善意に基づいていたとしても、調査そのものの前提が歪(ゆが)んでいれば、それは逆説的な結果をもたらしかねない。

学術研究だけではない。例えば、米民主党のエリザベス・ウォーレン連邦上院議員（マサチューセッツ州選出）。オクラホマ州出身の同氏は苦学してハーバード大学教授まで昇りつめた人物だが、その過程で自らを先住民のチェロキー・ネーション出身だと申告し、アファーマティブ・アクションの恩恵を受けてきた疑惑が浮上した。トランプ氏はウォーレンを「偽のポカホンタス」――ポカホンタスは白人との融和を象徴する十七世紀に実在した先住民女性で、ディズニー映画の題材にもなった――と蔑(さげす)み、DNA鑑定を受けるよう挑発した。二〇一八年の上院選に出馬するにあたり、ウォーレンは鑑定を受け、大部分は欧州系白人だが、六四分の一〜一〇二四分の一の比率で先住民の祖先がいることを証明した。

しかし、チェロキー・ネーション側は、先住民としての認定には独自の社会的・法的要件を満たす必要があり、DNA鑑定だけでは不十分との声明を発表。ウォーレンは短絡的な対応への謝罪を余儀なくされた。人種や民族をDNA鑑定、すなわち遺伝子の次元で説明し得るという発想は白人ナショナリストと変わらない。もちろん、DNA鑑定を促したトランプ氏についても然りである。二〇一八年十月、世界の約八〇〇〇人の専門家を擁する米国人類遺伝学会（ASHG）は、遺伝的な違いで「人種」を規定することや、「種の純潔」を証明することは無意味との見解を示した。遺伝子の影響は皆無ではないとしても、あくまで緩やかなもので、遺伝子決定論とは程遠いというのが学界の主流と言って良い。

とはいえ、複雑な社会的・歴史的要因を勘案するよりは、遺伝子（ゲノム、DNA）などの生物学的要因によって決定付けられているとするほうが、一般人にとって理解が容易なことは疑いない。社会が、そうした還元主義的誘惑にどこまで耐性を備えているか。試されているのは米国だけではない。

### リバタリアンとの微妙な境界線

前著で草の根運動としてのリバタリアニズムを考察したこともあり、私自身、リバタリアンと白人ナショナリストの関係性には、終始、関心を抱き続けていた。

第1章で述べたように、本来、リバタリアニズムとナショナリズムは水と油の関係にある。一九七一年に米リバタリアン党を創設したデヴィッド・ノーランが作成した「ノーラン・チャート」と呼ばれる有名な概念図によると、経済的自由と個人的自由を重視するリバタリアンは、経済的には「保守」、社会的には「リベラル」の性格を有し、共和党（保守政党）と民主党（リベラル政党）の双方と部分的に交叉する。対極に位置するのは、経済・社会の両面で自由度が低く、個人よりも集団の利益を重んじる「権威主義」。権威主義への誘惑は「右派」のみならず「左派」にも存在する。

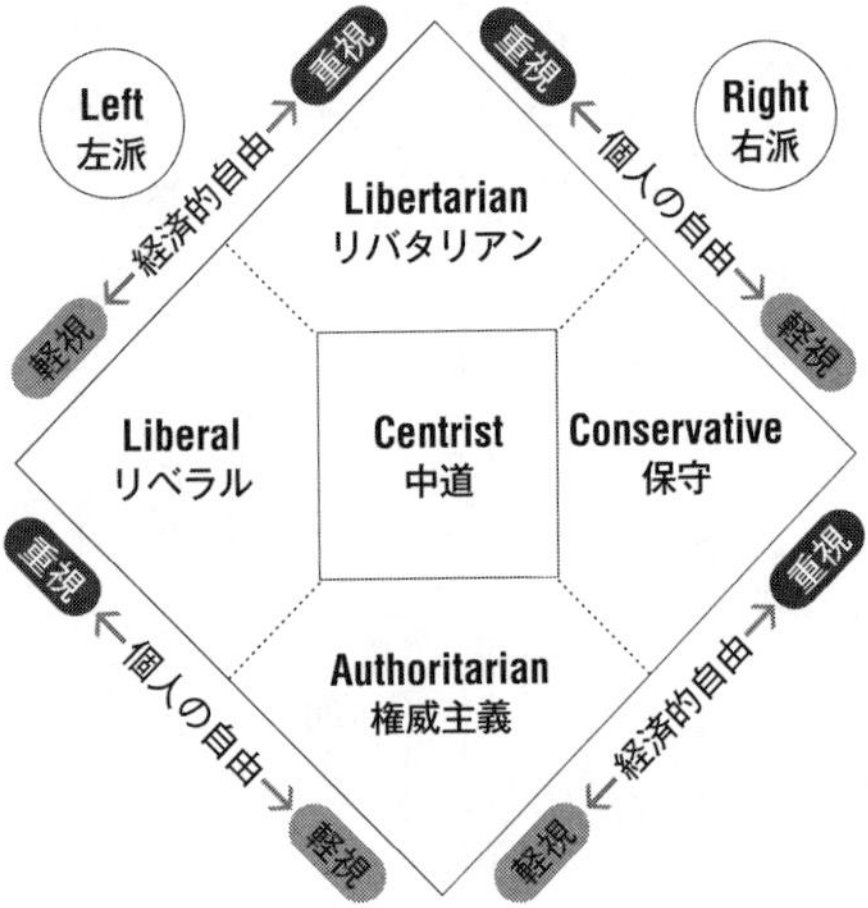


ノーラン・チャート

自由市場、最小国家、社会的寛容を重んじるリバタリアンを「個人主義」的と捉えるならば、権威主義は「集合主義」（共同体主義、国家主義、人種主義、民族主義、宗教原理主義など）と親和性が高い。リバタリアンがグローバリズム（ヒト、モノ、カネの自由な移動）に肯定的なのに対し、ナショナリストは否定的だ。

しかし、完全に水と油の関係というわけでもない。「保守」と「リベラル」が水と油のようでいて、どちらも連邦政府や二大政党制を基本的に信頼しているのに対し、リバタリアニズムとナショナリズムは違う。加えてリバタリアンとナショナリストは、「保守」も「リベラル」も「ポリティカル・コレクトネス」に支配されていると考える。リバタリアンにとってそれは「言論の自由」や「表現の自由」の束縛を意味し、白人ナショナリストにとっては「白人大虐殺」の隠語に他ならない。

SPLCによって「ホロコースト否定系」と認定されている「歴史修正研究所」（IHR）のマーク・ウェーバー所長は、「保守」への不満を次のように私に説明した。

「保守主義者はロナルド・レーガン大統領を英雄視します。しかし、レーガン時代の八年間に連邦政府の歳出は六〇パーセント増え、財政赤字は三倍近くになり、米国は世界最大の債権国から世界最大の債務国に転落しました。またレーガン大統領は、一九八六年にはシンプソン＝マゾリー法案に署名し、約三〇〇万人の不法移民に合法的地位を与えることになりました。選挙公約では反対していたマーティン・ルーサー・キング牧師の誕生日の祝日化法案にも署名しました」

「今も、保守主義者は当初猛反対していたオバマケア（オバマ政権が推進した医療保険制度改革）の廃止には及び腰です。私的には人種的な差異を認める人もいますが、公的には人種について語ることすらしません。要するにリベラル派と同じなのです」

「しかし、保守主義者は、銃規制が厳しく包括的な公的医療制度があり税金も高い、「大きな政府」のデンマークに住みたいでしょうか。それとも、銃規制も公的医療制度も所得税もない「小さな政府」のハイチに住みたがるでしょうか。やはりデンマークでしょう。文化的には西洋圏で、人種的には欧州系の共同体の方が、ほとんどの米国人にとっては住み心地がいいはずです。保守主義者はこの人種的現実を直視しようとしません」

民主党に抗して「小さな政府」を主張する、レーガンに象徴される「保守」もリバタリアンからすると「大きな政府」を前提としているように映る。レーガンが重んじた「強い米国」、すなわち軍備増強や介入主義もリバタリアンからすると歳出拡大や増税、市民的自由の制限と同義である。またこれは、白人ナショナリストからするとグローバリズムと重なる。

もちろん、集合主義を否定するリバタリアンは「人種主義」には反対だ。しかし、人種差別の是正に政府が関与すると、かつての「強制バス通学」（公立小中学校の特定学区で白人生徒と黒人生徒の均衡を保つ施策として、白人の多い郊外の学区の学校に黒人生徒を通学させ、逆に黒人の多い都市部の学校に白人生徒を通学させるために、バスが用意された。この施策は連邦最高裁判所が一九七一年に合憲判決を下した）のように、人種対立がかえって悪化すると考える。そうすると、論拠こそ異なれ、結果的に、白人ナショナリストの立場と大差がなくなってしまう。

ロン・ポール元下院議員（テキサス州選出）はリバタリアンの代表格だが、第1章で述べたように、かつては白人ナショナリストのウィリアム・ジョンソンの選挙戦を支持していた。支持を撤回したのはジョンソンが人種差別的な「フォーティーン・ワーズ」を唱えていると知ったからだ。

私は以前、有力なリバタリアン系シンクタンク「ミーゼス研究所」（Mises Institute）——ノーベル経済学賞を受賞したフリードリヒ・ハイエクの師匠にあたり、オーストリア学派の代表的経済学者であるルートヴィヒ・フォン・ミーゼスの名を冠する——を訪れたことがある。その際、SPLCが同研究所を「ヘイト団体」とまでは認定しないものの、「新南部連合派」の危険性があると指摘している点について尋ねた。そうするとジェフ・ディースト所長はこう答えた。「SPLCは過激な左派（radical left）です。南北戦争の際に北部（＝連邦派）が南部（＝州権派）を強制的に中央政府の支配下に置こうとした点を私たちが批判しているので警戒しているのでしょう。しかし、私たちは移民の入国制限や人種差別には明確に反対しています」。ディーストは筋金入りのリバタリアンで、二〇一三年にポールが政界引退するまで、長年、彼のスピーチライターや首席補佐官などを務めた（拙著『リバタリアニズム』参照）。

ポール自身は「人種」という集合主義的な視点から物事を見続ける限り、人種間の対立はなくならないと力説している。しかし、白人であるポールがそう述べると、あたかも「隠れた人種差別主義者」のように受け止める人もいるのだろう。

### リバタリアンからの転向

こうした微妙な境界線の狭間で「人種」に目覚め、リバタリアンから白人ナショナリズムへ傾倒していった者もいる。その一人がマイク・エノックだ（第2章五五頁の写真参照）。シャーロッツビルでの抗議集会「ユナイト・ザ・ライト」の宣伝チラシでは、発起人として上から二番目に名前を連ねている（第2章の章扉写真参照）。ネオナチ系の有力ブログ「ザ・ライト・スタッフ」（TRS）を二〇一二年に立ち上げ、一四年から「ザ・デイリー・ショア」（TDS、ショアはホロコーストの意）という人気ポッドキャストのウェブサイトを運営。リチャード・スペンサーやデヴィッド・デュークとも親しい。

一九七七年にリベラルな大学教授の両親のもとに生まれた。大学は中退したものの、大手インターネットサービス会社アメリカ・オンライン（AOL）などでコンピューター・プログラマーとして勤務し、ニューヨーク市マンハッタンの高級住宅地アッパー・イースト・サイドで暮らした。その傍ら、ミーゼスやアイン・ランド、マレー・ロスバードなどの著作を通してリバタリアニズムへの造詣を深めた。

しかし、政府を自由への障壁と見なし、市場原理を重視するとしても、人びとの行動には文化的背景や遺伝的要因が強く作用していると考えるに至る。リバタリアン的な世界は誰に対しても均等に開かれているわけではなく、集団間によって適性や優劣がある——こうした独自の解釈から、次第に「生物学的多様性」や「人種現実主義」の論理に惹かれていった。今日では黒人を「動物」(animal)や「野蛮人」(savage)などと公然と蔑むこともある(Andrew Marantz, "Birth of a White Supremacist", *The New Yorker*, October 9, 2017)。

エノックは、当初、トランプ氏の大統領就任を強く歓迎していたが、二〇一七年四月に米軍がシリア空爆を行うと支持を撤回。ネオコン(安保タカ派)やイスラエル、トランプの娘イヴァンカとその夫のジャレド・クシュナー(ともにユダヤ教徒で大統領上級顧問)の影響力拡大を危惧している。ここでもリバタリアニズムと白人ナショナリズム双方の非介入主義が交叉する。

もう一人、保守系の放送局「FOXニュース」の政治トーク番組の人気司会者で、トランプ氏と懇意な間柄のタッカー・カールソンも興味深い。

二〇一八年にトランプ氏がツイートした「南アフリカでは白人の農地が占領され、（農民が）大量に殺されている」という虚偽の情報は、その前夜、カールソンが自身の番組内で開陳したものだった。かねてよりLGBTQや移民については批判的で、「多様性が力であるというのは全く正しくない」「中南米の国々は米国の人口構成を変えることで米国の選挙結果を変えようとしている」などと発言。白人ナショナリズム脅威論については「米国にとって大した問題ではない」「でっち上げ」「陰謀論」「白人至上主義者を全員集めても大学のフットボールスタジアムに収まる程度」などと一蹴している。『ニューヨーク・タイムズ』紙は、一九年六月にトランプ氏がイラン空爆を直前で中止したのはカールソンの助言があったからだと報じている（*New York Times*, June 21, 2019）。

自身の番組で「白人叩き」を批判するタッカー・カールソン
出所：Fox News.

無論、カールソンは自らを白人ナショナリストとは認めていないが、人権団体に警戒される一方で、白人ナショナリストからの人気はすこぶる高い。ネオナチ系の有力サイト「ザ・デイリー・ストーマー」の主宰者アンドリュー・

アングリンは、自らの立場と軌を一にするとしてカールソンの番組を「ストーマーTV」と呼んで絶賛している。

そのカールソンもかつてはリバタリアンとして、ロン・ポールの大統領選を支援し、二〇〇九年にはリバタリアン系の有力シンクタンク「ケイトー研究所」（CI）の上級研究員にもなっている。しかし、次第に自由放任主義的な市場観に疑問を抱き、政府の介入を支持するようになり、一五年には同研究所を退所する。二〇二〇年の大統領選ではウォール街への規制強化などを訴える民主党左派のエリザベス・ウォーレンの経済政策を「経済的愛国主義」（economic patriotism）と高く評価。一見、トランプ支持と矛盾するようだが、反グローバリズムという点では、リベラル左派とペイリオコン、ナショナリストは合致する。

エノックやカールソン以外にも、そして米国人以外でも、例えば、カナダの著名な白人ナショナリストであるステファン・モリノーやポール・フロムなど、リバタリアンとしての過去を持つ者は少なくない。そのせいもあってか、日本では、米国専門家の間でさえ、リバタリアンを白人ナショナリズムの亜種のごとく見なす言説が散見される。

しかし、私が知る限り、ほとんどのリバタリアンは白人ナショナリズムのような集合主義とは明確な一線を画している。リバタリアン的な個人主義と白人ナショナリスト的な集合主義が、結果的に、類似した立場を採る場合もあるが、それはあくまで限定的なものに過ぎない。例えば、リバタリアン系としては世界最大の学生NPO「自由のための学生」（SFL）の二〇一七年二月の年次大会——四〇ヵ国から一四〇〇人以上がワシントンに集った——にリチャード・スペンサーが顔を出したところ、参加者から罵詈雑言を浴びせられ、主催者から「ここに貴方のための場所はありません」と退去を求められた。スペンサーは「どうやら私は「闇の政府」（deep state）を愛するリバタリアンたちに追放されたようだ」と恨み節のツイートをしている。

## 反ユダヤ主義

今回、白人ナショナリストの遺伝学へのこだわりとともに、もう一つ驚いたのはその反ユダヤ主義の強さだ。SPLCが「ホロコースト否定系」や「ネオナチ系」と分類する団体はもちろん、程度の差こそあれ、他の多くの団体でも反ユダヤ主義は広く共有されている。その点では、テイラーやジョンソンなどは例外である。「ユナイト・ザ・ライト」の集会では、「お前たちを俺たちの代わりにはさせない」（"You will not replace us."）というスローガンの"You"を"Jews"（ユダヤ人）に置き換えながら、あるいはナチスのスローガン「ジークハイル」（Sieg Heil「勝利万歳」の意）を連呼しながら、デモ行進する様子が注目を集めた。

彼らによれば、グローバリズムを牽引しているのはユダヤ人であり、国際的な金融機関やメディアなどを支配し、コスモポリタンな世界観（多文化主義や文化的マルクス主義など）を流布することで、白人の圧殺を企図しているという。

米国では宗教的な理由からユダヤ人への差別は建国以前、すなわち植民地時代から存在していたが、政治的な色合いが濃くなったのはロシア革命（一九一七年）以降である。ユダヤ人と共産主義（さらには国際主義）を結びつけ、米国を第一次世界大戦へと駆り立てたのはユダヤ人であるとの見方が流布するようになった。

例えば、自動車王ヘンリー・フォードは、傘下の『ディアボーン・インディペンデント』紙（章扉写真参照）に掲載させた反ユダヤ的な記事を集め、一九二〇年から二二年にかけて全四巻の『国際ユダヤ人』（*The International Jew*）を出版。ドイツ語をはじめ、一六ヵ国語に翻訳された。記事の多くは一九〇三年にロシアで出版された『シオン賢者の議定書』——ユダヤ人指導者による世界支配の謀議録とされるが、偽書であることが繰り返し証明されている——を土台にしたものだった。フォードは第一次世界大戦のみならず、南北戦争やエイブラハム・リンカーン大統領暗殺もユダヤ人の仕業だと公言していた。ユダヤ系の人権団体「名誉毀損防止同盟」（ADL、一九一三年設立）などの抗議を受け、『ディアボーン・インディペンデント』紙を廃刊にし、それまでの言動を撤回・謝罪したのは二七年になってからだった。

その後も、一九三〇年代にはカトリック教会のチャールズ・カフリン神父がラジオを通してユダヤ資本家と共産主義者の結託などを糾弾する説教を流布。「ラジオ司祭」（Radio Priest）の異名を取り、中央政界への影響力を有するまでに至った。また四〇年には「米国第一委員会」が設立されたが、その中心人物であるチャールズ・リンドバーグらは反共・反ユダヤの姿勢を鮮明に打ち出す一方で、ドイツに対しては中立的・宥和的だった。

冷戦が終結した今日でも、「共産主義」や「グローバリズム」などの言葉が「ユダヤ人」の隠語として用いられる場面は少なくない。また、米国の場合、反ユダヤ主義は白人のみならず、黒人やイスラム系の間にも存在する。

ビバリーヒルズの近くにあるユダヤ系の人権団体「名誉毀損防止同盟」（ADL）のロサンゼルス支部

もっとも、「反ユダヤ主義」の定義は難しい。例えば、トランプ氏は、二〇一九年三月、米政治における親イスラエル派ロビー団体の影響力の大きさを批判した民主党のイルハン・オマル（連邦下院）議員（ミネソタ州選出）――ソマリア内戦を逃れてミネソタ州に移住したイスラム系初の女性議員――を「反イスラエル」「反ユダヤ主義」と非難した。しかし、そのトランプ氏も一六年の大統領選の際、民主党候補のヒラリー・クリントン元国務長官を揶揄するツイートで、クリントンの顔写真と六角星を配置し、六角星の中に「過去最悪の汚職候補者」と記したことで「反ユダヤ主義」と批判されている。六角星は「ダビデの星」を意味し、ユダヤ教の象徴とされるのに対し、トランプ氏は「保安官のバッジ」のつもりだったと釈明した。

ADLの担当者に「反ユダヤ主義」の定義を確認したところ、「ユダヤ教やユダヤ教徒を一括りにして紋切り型の色付けをする言動」とのこと。

思い出されるのは私自身の経験だ。すでに他の拙著でも紹介したが、私が大学生だった一九八〇年代半ば、日本ではいわゆる「ユダヤ本」がベストセラーになった。ユダヤ人の活躍や優秀さを称え、その秘訣を解き明かすというもので、ほとんどユダヤ人礼賛論に近かった。しかし、在京のイスラエル大使館は「反ユダヤ主義」の一種だとして懸念を表明していた。不思議に思い大使館の広報官に尋ねたところ、「ある個人の活躍や能力がすぐに「ユダヤ人」として括られることが問題だ。今は称賛されているが、いつ反転するか分からない。そのときの恐さが私たちには歴史を通して身に染み付いている」と語っていたのが印象的だった。この逸話をADLの担当者に告げると強く肯首していた。

もちろん、白人ナショナリストの「反ユダヤ主義」はより意図的かつ示威的に実践されている点で日本の事例とは異なる。近年、例えば、インターネットの世界では、特定の個人や団体の名前を三重丸括弧「((( )))」で囲むことでユダヤ系だと指示し、誹謗中傷することが若い世代で流行している。ADLのサイトは白人ナショナリストが用いるこうしたシンボルやスローガンなど二〇〇点以上をリストアップしている（第3章の章扉写真参照）。二〇一九年夏には、親指と人差し指で輪を作り他の三本の指を立てる「OK」サインが「ホワイト・パワー」（白人の力）を意味する「WP」に見えるとして、白人ナショナリストの若者らが愛用し始めていることを警戒。新たにリストに追加された。もはや気軽に「OK」サインすら使えない時代のようである。

## 陰謀論の政治学

反ユダヤ主義は陰謀論の典型例であり、米国のみならず、世界中に広くかつ根強く存在し続けている。

他にも、米国では白人ナショナリズムと親和性のある陰謀論がしばしば表出してきた。例えば、一九九五年のオクラホマシティの連邦政府ビル爆破事件は反政府系の陰謀論に突き動かされたものだった。主犯のティモシー・マクヴェイは過激な白人ナショナリストの一部から今も英雄視されている。二〇〇一年の米同時多発テロ事件をめぐっては、米政府（あるいはネオコン）の仕業であるとの陰謀論が出回った。

「オバマ大統領は米国生まれではない」と主張する出生運動（Birther movement）にはトランプ氏本人も荷担。オバマは二〇一一年に出生証明書を公表したが、一六年八月の時点で共和党支持者の七二パーセントが依然としてそれを信用していなかった。

二〇一六年の米大統領選では、ワシントンのピザ店を拠点にヒラリー・クリントン陣営の関係者が児童性的虐待や人身売買に関与しているという陰謀論「ピザゲート」が広まり、名指しされた店舗が実際に銃撃される事態に至った。このピザゲートを拡散したオルトライト系のブロガー、ジャック・ポソビエックは二〇一九年に親トランプ派の保守系シンクタンク、「クレアモント研究所」（CI）からエイブラハム・リンカン大統領の名を冠した賞を授与されている。同研究所は同年、トランプ氏から米国人文科学勲章（National Humanities Medal）を授与された。ちなみにトランプ氏は二〇二〇年の一般教書演説の際、煽動的な言動で知られる右派系トークラジオ番組の司会者で、白人ナショナリストの間でも人気の高いラッシュ・リンボーをメラニア夫人の横に座らせ、米国の文民最高位の大統領自由勲章（Presidential Medal of Freedom）を授与している。

トランプ氏の大統領就任後には謎（なぞ）の人物「Q」――米国の機密情報を知る当局者を自称――が、「トランプ氏こそは米政治を裏で操る「闇の国家」と闘っている救世主だ」「ロシア疑惑の真の捜査対象はトランプ氏ではなくオバマ前大統領だ」「ジョン・F・ケネディ大統領は「闇の政府」に暗殺された」などの陰謀論を、インターネットの匿名掲示板サイト「4chan」や「8chan」に繰り返し投稿。「Q」を礼賛する一派「QAnon」（キューアノン）がトランプ氏の集会で「Q」とプリントされたTシャツを着て、「私たちはQ」と記したプラカードを掲げる異様な光景が広がった。

「私たちはQ」と記されたプラカードを掲げるトランプ支持者
出所：IHEARTMEDIA.

今日、おそらく最も影響力のある陰謀論者は、ラジオ番組司会者でウェブサイト「InfoWars」を運営するアレックス・ジョーンズだろう。一九九〇年代から「新世界秩序」――ここではウォール街や連邦準備制度（FRS）、米外交問題評議会（CFR）、ビルダーバーグ会議（一九五四年以来、欧米の政府首脳や企業代表が年一回集う完全非公開の会議）、三極委員会（一九七三年以来、日本、北米、欧州の各界を代表する民間指導者が集う政策協議グループ）などが影の世界政府を形成しているとする陰謀論を指す――を流布。オクラホマシティの連邦政府ビル爆破事件や米同時多発テロ事件を米政府の自作自演と公言し、ピザゲートを真実と断定（のちに撤回）するなどした。ジョーンズは自らを「保守、ペイリオコン、リバタリアン」と称しているが、ＳＰＬＣは「現代米国で最も多産な陰謀論者」と批判している。

こうした陰謀論の隆盛をどう理解すれば良いのか。

歴史学者リチャード・ホーフスタッター（コロンビア大学教授）は一九六四年に発表した論考「米政治におけるパラノイア的手法」（"The Paranoid Style in American Politics"）において、米国では左右を問わず、反エスタブリッシュメントの感情に突き動かされた「激しい誇張、疑念、陰謀論的空想」が、まるで一種の強迫観念のごとく、断続的に政治を突き動かしてきたことを説いた。

それに対し著述家ジェシー・ウォーカーは、ホーフスタッターが政治的パラノイアを「少数派の運動にのみ好まれる手法」と捉え、ホーフスタッターのような「良識ある人びと」「冷静な穏健派」には無縁であるかのように考えている点を批判。植民地時代から現代までの陰謀論が作り上げる敵を五種類に分け、より複雑な実態を示している。

その第一は「外からの敵」で、コミュニティの門の外側で悪事を企む。次が「内なる敵」で、友人と容易には見分けのつかないよこしまな隣人から成る。さらには、社会階層の上部に身を隠す「上層の敵」に、底辺に潜む「下層の敵」がいる。そして最後が、そもそも敵ではなく、人びとの生活を改善しようと陰で密かに力を振るう「慈善の陰謀団」だ。（Jesse Walker, *The United States of Paranoia*, 2013：『パラノイア合衆国』鍛原多惠子訳、二〇一五年、二二五頁）

言い換えると、米国人は自らとは「異質」の相手をつねに陰謀論の対象としてきたことになる。

それに対し、政治学者のジョセフ・ウシンスキー（マイアミ大学准教授）とジョセフ・ペアラント（ノートルダム大学准教授）は、一八九〇年から二〇一〇年までに『ニューヨーク・タイムズ』紙と『シカゴ・トリビューン』紙に寄せられた読者からの手紙などを数量分析した結果から、陰謀論の担い手は「敗者」（losers）——ここでは政治的、社会的に劣勢に立たされ、脅威を感じている者を指す——であるとしている。すなわち、主流派であれ、非主流派であれ、多数派であれ、少数派であれ、さらには保守派であれ、リベラル派であれ、「敗者」が自らを防衛し、「強者」（the powerful）を攻撃する術（すべ）として陰謀論に訴えるというわけだ。また、重大な対外危機に晒された場合、国内勢力よりも外国勢力に対する陰謀論が優勢になるという（Joseph Uscinski and Joseph Parent eds., *American Conspiracy Theories*, 2014）。

歴史学者キャスリン・オルムステッド（カリフォルニア大学教授）によると、一九一〇年代以前の陰謀論は、主に民族的、宗教的な少数派を主謀者としていたのに対し、第一次世界大戦前後から連邦政府の権限が強まるにつれ、政府を最大の脅威と見なす陰謀論が目立ち始めたという（Kathryn Olmsted, "Conspiracy Theories in U.S.History", in Joseph Uscinski (ed.), *Conspiracy Theories and the People Who Believe Them*, 2018）。確かに、改革主義の時代には連邦捜査局（FBI）の設立（一九〇八年）、所得税の本格導入（一九一三年）、連邦準備制度の設立（同年）、禁酒法制定（一九二〇年）、女性に参政権を認める憲法修正（同年）などが相次いだ。建国当時から国民の中央政府に対する懐疑心が強かった米国は、もともと反政府系の陰謀論が拡散しやすい政治風土だったと言えるが、過去一世紀はとりわけそうだったのかもしれない。ならば、政府が陰謀論を否定し、その拡散防止に関与することはかえって逆効果になりかねない。

それにしても、自らとは「異質」の相手、自らよりも優位にある「強者」に対して陰謀論が向けられるとなると、陰謀論が消え去る日はなさそうだ。

さらに言えば、他者（ないし社会、世界）を認識する際、何かしらの枠組みを作り、そこに適合する事象を探そうとするのはやむをえないことだ。その過程において、陰謀論的な枠組みに寄ってしまうこともあろう。つまり、人間が絶えず外界を意味付けしながら生きている以上、誰しも陰謀論に陥る可能性はあり、また、それを陰謀論だと認めることは必ずしも容易ではない。ウォーカーは次のように述べる。

> 陰謀論者はこれからも姿を消すことはないだろう。なぜなら陰謀論者はたえず私たちとともにあるからだ。私たちがパターンを見出すのを止めることはない。物語を紡ぐのも止めることはない。いつでも早計な結論に飛びつくし、とりわけ外国や、自分とは異なる派閥、サブカルチャー、社会階層に対処するときにはそうだ。（中略）人類がある限り、パラノイアもまた存在するのだ。（前出、四二二頁）

それらを自覚したうえで、他者を不当に貶める言説が意図的に流布される状況は回避されなければならないし、自らが（予期せぬ形であれ）陰謀論に荷担していないか、つねに自省する必要があるということだろう。

# 第5章　白人ナショナリズムとグローバル・セキュリティ

白人ナショナリストの共感を呼んだ映画『ジョーカー』
（©Everett Collection／アフロ）

## グローバル化する白人ナショナリズム

近年、欧州各地で極右・右派勢力の擡頭や躍進が目に付く。イギリス、ドイツ、フランス、オランダ、オーストリア、ノルウェー、スウェーデン、スペイン、イタリア、ポーランド、ハンガリー、ウクライナ……。ほぼ欧州全域に広がっている。国によってその度合いや背景は異なるが、自国の主権や利益を取り戻すという自国第一主義、そして白人やキリスト教中心の社会秩序を固守するという文化的ナショナリズムなど、グローバリズムへの反撥を共有している。長年「ジプシー」と蔑まれたロマの人びとへの差別やEUへの反撥など、欧州ならではの事情があるものの、米国の白人ナショナリズムと基本的な心性はほぼ合致する。

実際、米国と欧州、そして他地域の白人ナショナリストは互いに共鳴し合う関係にある。

2019年5月，反移民や反EUを掲げる欧州各国の極右政党党首がイタリア北部ミラノで集会を開き，欧州議会選へ向けた連携を確認した
出所：The New Republic.

例えば、白人過激派によるテロ。二〇一一年のノルウェー連続テロ事件（死者七七人、単独犯としては史上最多の犠牲者数）の実行犯アンネシュ・ベーリング・ブレイヴィク（ノルウェー人）のマニフェストは、一五年の米サウスカロライナ州チャールストンでの黒人教会銃撃事件（死者九人）の実行犯ディラン・ルーフ（米国人）に影響を与えた。そして、一九年のクライストチャーチ（ニュージーランド）でのモスク銃乱射事件（死者五一人）の実行犯ブレントン・タラント（オーストラリア人）のマニフェストはブレイヴィクとルーフの両方に言及。その約一ヵ月後に起きた米カリフォルニア州パウウェイでのユダヤ教礼拝所銃撃事件（死者一人）の実行犯ジョン・アーネスト（米国人）はタラントを称賛していた。

さらに、同年、米テキサス州エルパソでメキシコ人やヒスパニック系を標的にした銃撃事件（死者二二人）を起こしたパトリック・クルシアス（米国人）もタラントのマニフェストにあった「（非白人による白人文化の）壮大な乗っ取り」（great replacement）という表現を引用している。

The Great
Replacement
TOWARDS A NEW SOCIETY
WE MARCH EVER FORWARDS

タラントが犯行前にオンライン上に投稿したマニフェスト

ブレイビクやタラントのマニフェストはオンライン上に投稿されたこともあり、容易に、そして瞬時に国境を越えた。

テロ事件は極端な事例だとしても、大西洋を跨いだ関係は古くから存在する。一九六二年には米国ナチ党の創設者ジョージ・リンカーン・ロックウェルが訪英、イギリスの国家社会主義運動（NSM）の創設者コリン・ジョーダンとコッツウォルド宣言を起草。米国、イギリス、西ドイツ、フランス、オーストリア、ベルギーのネオナチが集う「国家社会主義者世界連合」（WUNS）が結成され、現在、南米やロシア、日本を含む二五ヵ国以上の団体が参加している。

二十世紀末以降の、フランスを中心とする欧州の「新右翼」の躍進は、米国の白人ナショナリスト、なかでも若い世代を中心とするオルトライトを鼓舞した。リチャード・スペンサーやジャレド・テイラーはフランスの新右翼やアイデンティタリアン運動の理論的支柱だったアラン・ド・ブノワやギヨーム・フェイらと親交が深かった。フェイは反イスラムの立場から反ユダヤ主義を封印したため、白人ナショナリストからの批判に晒され、二〇〇六年の『アメリカン・ルネサンス』の会合では、デヴィッド・デュークと激論になった。ちなみに、フェイを敬愛するテイラーも反ユダヤの立場は採っていない。白人ナショナリズムの世界では少数派と言って良い。

タラントが用いた「壮大な乗っ取り」という表現が広く用いられるようになったのは、フランスの白人ナショナリスト系作家、ルノー・カミュが二〇一一年に出版した同名の著書（*Le Grand Remplacement*：未邦訳）がきっかけだった。一七年の「ユナイト・ザ・ライト」の集会で参加者が連呼した「お前たちを俺たちの代わりにはさせない」（"You will not replace us"）というスローガンにもその影響が見て取れる。

同様に、フランスの白人ナショナリスト系作家、ジャン・ラスパイユが一九七三年に出版した小説『聖人のキャンプ』（*Le Camp des Saints*：未邦訳）は、インドや中東、アフリカからの移民がフランスを「侵略」し、白人世界を制圧するという展開だが、スティーブン・バノンが米国の移民政策を論ずる際に繰り返し言及したことで話題になった。二〇一九年十一月、

SPLCは、スティーブン・ミラーが一五年三月から翌年六月までの間に、当時バノンが会長を務めていたブライトバート・ニュース宛に送った電子メール九〇〇通以上を入手し、その中で『聖人のキャンプ』を強く推薦していたことを暴露している。

もちろん、米国側から欧州への影響も少なくない。

一九九二年に創設されたイギリスのネオナチ系武闘派団体「Combat 18」――18という数字はアドルフ・ヒトラーのイニシャルに由来する（アルファベットでAは一番目、Hは八番目）――は、米国ナチ党の元幹部ウィリアム・ピアースが一九七八年に出版した小説『ターナー日記』に描かれた人種戦争をそのまま実行しようとした。同団体は、米陸軍出身の白人ナショナリスト、ルイス・ビームが一九九〇年代初めに理論化した「指導者なき抵抗」(leaderless resistance) という概念をマニフェストに掲げていた。組織化を拒むことで政府の摘発を免れるという発想のもと、いわゆる「一匹狼」型の武装行動を促すもので、今日のテロリズムにも影響を及ぼしている。

また、近年は、米国のオルトライトが得意とするポッドキャストやミームを活用した支持拡大の手法を、欧州の白人ナショナリストも積極的に取り入れている。

## 濃密な人的ネットワーク

ＡＤＬは、とりわけ影響力の大きい米国の白人ナショナリストとして、デューク、スペンサー、テイラー、ケヴィン・マクドナルド、グレッグ・ジョンソン（オンライン雑誌『カウンター・カレンツ』主宰者）、トム・スニック（元カリフォルニア大学教授、元クロアチア外交官、米国とクロアチアの二重国籍）の六人を挙げている。

肉体派として人気の「ザ・ゴールデン・ワン」こと
マーカス・フォリン
出所：Red Ice TV.

逆に、米国側に対して影響力のある欧州の白人ナショナリストとして、ブノワ、ブレイビク、カミュ、ラスパイユ、フェイ（二〇一九年他界）、マーク・コレット（極右政党「イギリス国民党」の元幹部）、アレクサンドル・ドゥーギン（ロシアのネオ・ユーラシア主義思想家、元モスクワ大学教授）、マーカス・フォリン（若者に人気のあるボディービルダーのスウェーデン人活動家）、デニス・カプースチン（ドイツのネオナチ系総合格闘家）、ヘンリック・パルムグレン（極右のオンラインメディア「Red Ice TV」を主宰するスウェーデン人活動家）などを挙げている（ADL, “Hate Beyond Borders”, 2019）。

こうした人びとは『アメリカン・ルネサンス』（米国）、

「ナショナリスト・ソリューションズ」（同）、「ナショナル・ポリシー・インスティテュート」（同）、「アイデンティタリアン・アイディアズ」（スウェーデン）、「スカンザ・フォーラム」（同）、「アウェイクニング」（フィンランド）、「ロンドン・フォーラム」（イギリス）、ポーランドの独立記念日関連行事などの会合を通して親交を深めている。近年、彼らの入国を拒否する国々も増えているが、オンラインメディアを介した交流は絶えることがない。「Red Ice TV」のように米国に拠点を構えるメディアもある。

同様に、ドイツの反イスラム系団体「ペギーダ」（PEGIDA）、ギリシャの反移民系政党「黄金の夜明け」（Golden Dawn）、ハンガリーの極右政党「ヨッビク」（Jobbik）なども米国に支部を有する。米国の白人ナショナリストにとって欧州は祖国の地であり、憂国の念からこうした団体の活動にも協力的のようだ。まさに「遠隔地ナショナリズム」（ベネディクト・アンダーソン）の典型と言えよう。

あるいは、グレッグ・ジョンソンのように、「ロンドン・フォーラム」に触発され、同様のフォーラムをニューヨークやシアトルなどで開催しているケースもある。

これらとは逆に、「白人パワー」を掲げる米国のレイシスト・スキンヘッド系団体「ハンマースキンズ」はドイツやスウェーデン、スイスなど欧州各地に、そして、白人女性のナショナリスト団体「アーリア人団結のための女性」（WAU）はイタリアやスペイン、さらにはオーストラリアやアルゼンチンなどに、それぞれ支部を持つ。本格的な武闘訓練で知られるネオナチ系の「アトムヴァッフェン師団」はイギリスの「ゾンネンクリーク師団」(「ゾンネンクリーク」はドイツ語で「太陽の戦争」の意)の創設に多大な影響を与えた。ちなみに、ゾンネンクリーク師団はヘンリー英王子が黒人の母親を持つメーガン妃と結婚したことを非難し、暗殺を示唆する画像をネットに投稿した。画像を製作したのは十七歳の少年だった。

## 異なる「極右」と「保守強硬派」

「アーリア人団結のための女性」のニュースレターより．吹き出しには「We hope you enjoyed this issue of Home front」とある

この他にも、米国の白人ナショナリストは「イギリス独立党」(UKIP)、「ドイツ国家民主党」(NPD)、「スイス愛国民族主義党」(PNOS)、「エストニア保守人民党」(EKRE)、フランスの「国民連合」(RN、旧・国民戦線)、チェコの「労働者党」(W P)、「オーストリア自由党」(FPÖ)、ベルギーの「フラームス・ベランフ」(VB)など、欧州各国の極右政党とも接点を有している。

興味深いのは、ハンガリーのオルバーン首相やロシアのプーチン大統領への評価が高い点だ。

ハンガリー出身で国際派リベラルの大富豪ジョージ・ソロス（ユダヤ人投資家、米国とハンガリーの二重国籍）を敵視するオルバーンは、二〇一八年六月に難民や移民に対する支援を犯罪と見なすいわゆる「ストップ・ソロス法」を制定。ソロスの国際的慈善団体「オープン・ソサエティ財団」（ＯＳＦ）はハンガリーからの撤退を余儀なくされ、ソロスが設立し、ハンガリーの首都ブダペストに拠点を置いていた中央ヨーロッパ大学（ＣＥＵ）は研究プログラムの大半をオーストリアのウィーンに移した。また、オルバーン政権は、約三〇〇〇人の研究者を擁する学術団体「ハンガリー科学アカデミー」（ＭＴＡ）を事実上解体し、人事や研究を直接管理するようになった。

米国の著名な白人ナショナリスト、ポール・ラムゼーはオルバーンの熱烈な支持者で「オルバーンは西洋文明の英雄だ」「オルバーンは欧州のドナルド・トランプ。プーチンとオルバーン、トランプが一緒の写真を想像できるかい？」「オルトライトにとって英雄的存在の世界的指導者はトランプとオルバーンとプーチンの三人」などとツイートしている。かねてより白人ナショナリストとの距離の近さが指摘されるスティーブ・キング米下院議員（アイオワ州選出）も「ヴィクトル・オルバーン首相は歴史と人類の公理（axiom）を口にした。西洋文明はジョージ・ソロスと左翼の標的になっている」とツイートし物議を醸した（"Meet white nationalism's newest hero: Victor Orban", *ThinkProgress*, November 29, 2017）。

プーチンについても、反NATO、反EU、反移民、反LGBTQなどの姿勢が「反グローバリズムの旗手」や「西洋文明の守り手」などと好意的に受け止められている。「ユナイト・ザ・ライト」の発起人の一人、マシュー・ハインバックは「ロシアは私たちにとって最大の刺激（inspiration）。プーチン大統領は自由世界の指導者だと思う」とツイートしている。前述のドゥーギンはプーチンのブレーンの一人とされる。

山口二矢を模したミーム

反ユダヤの立場から、シリアのアサド大統領やイランのアフマディネジャド元大統領の人気も高い。米国の保守派がロシアやイラン、シリアに対する強硬姿勢を崩さない点を考えると、保守派と白人ナショナリストの間には厳然たる距離感があることが分かる。しばしば白人ナショナリストは「極右」と形容されるが、それは必ずしも「保守強硬派」と同義ではない。

ちなみに、SPLCによると、白人ナショナリストの間では一九六〇年に東京・日比谷公会堂で演説中の社会党委員長・浅沼稲次郎を刺殺した十七歳の右翼少年、山口二矢を英雄視する向きもあるようだ。男性の入会のみ認める武闘派団体「プラウド・ボーイズ」（PB）の創設者ギャビン・マキニスが「何と偉大な偶像（icon）だろう、何と偉大な英雄（hero）だろう！」と激賞した逸話を紹介している。山口を模したミームやグッズも人気のようだ。

また、SPLCは日本の市民団体「在日特権を許さない市民の会」（在特会）の元（初代）会長で、「日本第一党」党首の桜井誠にも注目。同氏が二〇一八年六月に米国自由党の年次会合で演説したことや、スイス愛国民族主義党のドミニク・ルサード党首と会談したことを危惧している（SPLC, *Intelligence Report*, Spring 2019）。

## 白人ナショナリズムとの訣別

第3章、第4章で、リバタリアンやリベラルから白人ナショナリズムに転向した例について触れたが、そうした動きとは逆に、白人ナショナリズムの世界と訣別した者もいる。ロサンゼルスに本部を置く世界的なユダヤ系の人権団体「サイモン・ウィーゼンタール・センター」（SWC、一九七七年設立）の紹介で、その一人、ティム・ザールに会うことができた。

同氏は一九六四年生まれ。十歳の時に兄が黒人に襲撃され、初めて人種を意識したという。とはいえ、当時は、家庭内、そして白人ミドルクラスの窮屈なコミュニティ内での疎外感の方が強く、地元ロサンゼルスの不良グループと関わりを持つようになった。十七歳のある夜、ハリウッドで路上生活をしていた同性愛者の少年を仲間と追い回した挙句、激しい暴行を加え、最後は同氏が少年の頭を強く足蹴にした。同氏は殺害したと確信し、仲間とハイタッチを交わした。

その後、ネイビーシールズ（米海軍の特殊部隊）へ応募したものの、少年時代の交通事故の後遺症が災いし不合格。それでも愛国心を示そうと、地元のスキンヘッド系の団体に加入した。仲間と暴行事件を起こし、一年間収監。そこでユダヤ人や警察への憎悪を深め、出所後はスキンヘッド系とネオナチ系の二つの団体を往来。昼間は建設現場で働きながら、高校や大学でのビラまきなどに注力した。一九九二年のロス暴動の際は、ついに「人種戦争」が勃発したと確信し、武装準備を進めたという。

ティム・ザール

当時、すでに同じスキンヘッド系の女性と結婚し、子供をもうけていた。しかし、ある日、スーパーマーケットで買い物をしていた時、当時二歳半だった息子が黒人を「Nワード」で罵るのを目の当たりにし、大きな衝撃を受けた。このままでは息子の将来にとって良くないという思いが日増しに強くなり、妻と離婚。子供を引き取り、生まれ育った南カリフォルニアを離れ、電気工をしながら、南部を中心に全米各地を旅行した。黒人やヒスパニック系とも親しくなり、次第に偏見が消えていったという。一九九九年にはコロラド州で出会った女性と再婚。テキサス出身のユダヤ人だ。

だが、話はここで終わらない。

二〇〇一年に、それまでの自分の経験を世の中に伝え、かつ白人ナショナリストの改心を促そうと、彼はサイモン・ウィーゼンタール・センター附設の寛容博物館（Museum of Tolerance）でボランティア活動を始めた。そこで出会ったのがマシュー・ボジャーだった。ボジャーはカリフォルニア州サンフランシスコ郊外の敬虔なカトリックの家庭に生まれ育った。しかし、ある日、自分が同性愛者であることを親に告げたところ、激怒され、体罰を受け、十三歳で勘当された。ボジャーは一人でロサンゼルスに赴き、ハリウッドで路上生活を送っていた。ところが、十四歳のある夜、突然、不良グループに襲われ、瀕死の重傷を負った。消えゆく意識の中、彼らがハイタッチしていたのを覚えている。

そう、ザールが殺害したと思っていた相手はボジャーだったのだ。ボジャーは、その後、ハリウッドでセレブ御用達のヘアスタイリストとして成功するかたわら、同性愛者としての自分の経験を伝えるべく、寛容博物館でボランティアをしていた。二〇〇五年、博物館近くのカフェでザールと世間話をしていると、ふと四半世紀前の夜の二人の記憶が符合した。両者とも言葉を失ったという。ボジャーは激しい怒りの念に襲われ、しばらく気まずい関係に陥ったものの、次第に歩み寄り合うようになり、今では一緒に活動を続けている。二人の軌跡と友情は和解と赦しの象徴としてドキュメンタリー映画となったほか、多くのメディアで取り上げられた。ボジャーは博物館に転職し、現在、総務部長。ザールは週一回、博物館で自分の経験を伝えるワークショップを開催している。学校の社会科見学の訪問先としても人気で、毎回、三〇〜五〇人の参加者がいるという。

マシュー・ボジャー（左）とザール
出所：The Acorn.

ザールに彼の現役時代と現在の白人ナショナリストの違いを尋ねると「今の方がはるかに動員活動に成功している」と即答した。「「ユナイト・ザ・ライト」の集会なんて、自分たちには無理だった。インターネットのおかげで勧誘や動員の方法が様変わりしました」「自分たちのようなスキンヘッドやKKKのような威圧的な出で立ちは、今の若者には敬遠されがちです。私は昔、デヴィッド・デュークから「髪を伸ばせ。タトゥーを消せ。教育を受けろ」と忠告されたことがあります。それに比べると、リチャード・スペンサーなど今の連中は高学歴で身なりも洗練されています」。

ザールはトランプ氏の排外主義に批判的だが、同氏の支持者を「嘆かわしい（deplorable）人びと」と一蹴し、人種差別主義者、女性差別主義者、反同性愛者と結びつけるヒラリー・クリントンのようなリベラル派にも反撥している。同じく、極右集団には批判的だが、アンティファのような集団にも反撥している。「大切なことは人間を特定の属性ではなく、あくまで尊厳ある個人として捉え、共感を深めてゆくことです。それは政府が主導して上手くゆくものではありません」「相手を説教しようとしてはいけません。私の場合は「自分ですら変われたのだからあなたも変われる」と励ますようにしています」。そう語るザールの息子は現在二十代半ばで、ややLGBTQに差別的なところがあるようだが、「あくまで私自身の振る舞いを見せることで息子にメッセージを伝えることが大切だと思っています」とのこと。

寛容博物館の外観

ザールによると「結婚や離婚、育児などの人生の転機、年齢的には二十代後半から三十

ハーバード大学での公開フォーラムに参加するデレク・ブラック（中央，2017年10月）
出所：The Harvard Crimson.

代前半が、暴力的過激主義から「目を覚ます」（wake up）典型的な時期」のようだ。現在、同氏は南カリフォルニアのヒスパニック系ギャングの更生プロジェクト（Southern California Crossroads）や、過激主義からの更生を促すＮＰＯ「ライフ・アフター・ヘイト」（ＬＡＨ）にも協力している。「たとえ一人だけにでも変化をもたらすことができれば、自分の人生には価値があると思っています」と微笑む。

## 「プリンス」の改心

改心した白人ナショナリストの中で、近年、最も注目を集めたのはデレク・ブラックかもしれない。一九八九年生まれの彼の父親はドン・ブラック。ドンは十代の頃からデュークの盟友で、デューク引退後に「クー・クラックス・クランの騎士」（KKKK）の最高幹部「グランド・ウィザード」となり、九五年には白人ナショナリスト系では最古にして最大のウェブサイト「ストームフロント」を創設した大物だ。八一年には「レッドドッグ作戦」（Operation Red Dog）――KKKのメンバーら九人でカリブ海のドミニカ共和国に侵攻し、クーデターによって白人のユートピア社会を建設しようとした未遂事件――を首謀した罪で三年間投獄された。デュークの前妻と結婚したものの、デュークとは親しく、結婚式ではベストマン（新郎の付添人）、デレクの洗礼式ではゴッドファーザー（代父）を依頼したほどだ。

息子が学校で異人種と交わることを危惧したドンは、デレクをほぼホームスクールで教育。デレクは十歳の頃からストームフロントで子供向けのチャットコーナーを運営。二〇〇八年にはわずか十九歳で地元フロリダ州パームビーチ郡の共和党委員会の委員に当選した（ただし、同委員会は資格を満たしていないとして承認せず）。ちなみに同年秋、オバマが大統領選に勝利するや、ストームフロントにはアクセスが集中し、サーバーがダウンしたという。二〇一〇年からは父親と一緒にラジオ番組を始め、人気を博した。まさに将来が嘱望（しょくぼう）されるプリンス的存在だった。

その一方で、デレクは同年秋からリベラルアーツ系の州立大学「ニュー・カレッジ・オブ・フロリダ」（NCF）に編入。寮ではユダヤ系やヒスパニック系、LGBTQの学生と親しくなった。とはいえ、周囲には自分の素性を明かさず、ドンはデレクがキャンパスで勧誘活動に勤しんでいるものと理解していた。

ところが、ある日、極右の研究をしていた同大の学生がデレクの「裏の顔」を暴露。キャンパスは騒然となり、退学処分を求める抗議集会も起きた。デレクのもとには無数の抗議メールが届き、恋人からの連絡は途絶えた。ユダヤ人だった。

そうしたなか、救いの手を差し伸べてくれたのはユダヤ系の寮友だった。毎週金曜日にキャンパスで開かれるユダヤ教の安息日の夕食会にデレクを招き続けてくれたのだ。政治の話は一切しないという皆の合意のもとだった。デレクは深く感動した。

やがてデレクには新たな恋人ができ、彼女がデレクの改心を支援した。大学四年生だった二〇一三年夏、デレクはSPLCに手紙を送り、白人ナショナリズムを否定し、訣別を宣言。手紙のウェブ公開も許可した。SPLCのホームページにはデレクを「裏切り者」呼ばわりする白人ナショナリストからの投稿が殺到。家族との関係も冷え込んだが、デレクは耐えた。ファーストネームを「ロナルド」に改名し、卒業後は名門シカゴ大学の大学院の博士課程に進学、中世史を研究している。トランプ氏や「FOXニュース」の司会者タッカー・カールソンの発言内容がかつての自分とそっくりだとし、公の場で警鐘を鳴らし続けている。

「ライフ・アフター・ヘイト」

男性だけではない。サマンサと名乗る女性の場合、白人ナショナリズムの世界に足を踏み入れたのは二十代後半だった。恋人がネオナチに感化されるようになり、「思想が異なる人とは付き合えない」と切り出されたため、オルトライト系の「アイデンティティ・オイロパ」（「アメリカン・アイデンティティ・ムーブメント」の前身）に加入。それまでリベラル派を自認していたが、わずか半年後には勧誘や入会審査を担当し、ユダヤ系の書物の焚書に参加するまでになっていた。とりわけ女性会員の勧誘に才能を発揮し、組織内で恋人以上に発言力を持つに至った。そのことがきっかけで彼とは別れた。

ところが、組織内部で知り合った新しい恋人は仕事に熱心ではなく、自分が働き、彼を養う日々が続いた。周囲を見渡せば、女性が懸命に稼ぎ、男性はインターネットに興じるというカップルがほとんどだった。もともとメンバーの知的な雰囲気に惹かれて入会したはずが、実際には女性蔑視の空気が蔓延しており、失望感に苛まれた。そうしたなか、幼少の頃から自分を可愛がってくれていた祖母が亡くなった。それを契機に退会し、現在は「ライフ・アフター・ヘイト」に参加している。

ＣＮＮテレビのインタビューで、彼女は「最初は苦笑いしながら受け流していたオンライン掲示板の過激な発言も、慣れると何とも思わなくなり、そのうち自ら投稿するようになった。あっという間でした」と振り返り、オルトライトを「カルトの一種」と切り捨てた（"How Women Fall into America's White Power Movement", CNN, October 31, 2019）。

オルトライト時代のサマンサ．意識的に「女性らしさ」を強調する服を着ていたという
出所：CNN.

ザールやサマンサが協力している「ライフ・アフター・ヘイト」は二〇一一年にイリノイ州シカゴで創設された。きっかけは、同年、グーグル・アイデアズ（グーグル社の社会革新系シンクタンク、現ジグソー）が世界中から元過激主義者や彼らの被害者約一〇〇人を招き、ダブリン（アイルランド）で開催した「暴力的過激主義対策サミット」（ＳＡＶＥ）だった。米国から参加した元白人ナショナリスト六人（うち女性一人）が意気投合し、帰国後、直ちに組織を立ち上げた。彼らの経歴を見ると、複雑な家庭環境に生まれ育ち、周囲から孤立した日々を過ごすうちに、過激なグループと接点ができ、そこでの人間関係を維持しようとするうち、自ら過激化していったケースが多いことに気づく。と同時に、改心したきっかけもまた、収監経験、親しい人との出会いや別れ、子供

の存在など、周囲の人間関係の変化が多いようだ。

発起人の一人、フランク・ミーインクによると、「ライフ・アフター・ヘイト」（以下、「ライフ」）が創設される前、「元」白人ナショナリストの立場から発言し、啓発活動に関わる者は同氏とT・J・レイデンの二人しかいなかったという（*Merion West*, August 17, 2018)。「ライフ」はさまざまなプログラムやイベントを展開しており、オバマ政権時代には米国土安全保障省から助成金も得ていた。トランプ政権になって助成金は打ち切られたが、「元」メンバーによる自助支援というユニークな手法が国内外で注目され、個人や法人からの寄付を中心とした資金で、現在、全米三五州とカナダで活動を繰り広げている。シャーロッツビルでの衝突事件後には現役の白人ナショナリスト三〇〇人以上から相談が寄せられたという。

とはいえ、離脱（非関与化、disengagement）や脱過激化（deradicalization）——前者は組織を離れること、後者はさらに思想的にも抜け出すことを指す——は容易なことではない。「ライフ」の理事を務める社会学者ピーター・シミ（チャップマン大学准教授）らが「元」白人ナショナリスト八九人にインタビューした調査によると、それまでの自分の行為に対する罪悪感、思考や行動のパターン修正、居場所の喪失感、現役メンバーとの関係断絶の難しさなど、数多くの壁があるという（Peter Simi, et al., "Addicted to Hate", in *American Sociological Review*, Vol. 82, issue 6, 2017)。

もちろん、離脱や脱過激化を支援する団体は「ライフ」だけではない。例えば、「ライフ」の発起人の一人だったクリスチャン・ピッチョリーニは二〇一七年に「ライフ」を離れ、よりグローバルな展開を目指すNPO「フリー・ラディカルズ・プロジェクト」を創設している。一九七三年生まれの彼は十四歳で地元シカゴのスキンヘッド系団体に加入し、二年後にはリーダーに抜擢。ネオナチ系のパンクロックバンド「ファイナル・ソリューション」を結成し、九二年にはヴァイマル（ドイツ）でコンサートを開催、四〇〇〇人以上の観客を集めた。「白人パワー」を掲げる米国のバンドとしては初の欧州公演だった。

しかし、一九九六年に改心する。黒人や同性愛者の知己を得るようになったのがきっかけだった。その後、デポール大学で国際関係論と国際ビジネスの学士号を取得し、音楽・テレビ・映画業界で活躍し、二〇一六年には地域エミー賞を受賞している（*The Atlantic*, August 6, 2019）。

### プラットフォームをめぐる攻防

もっとも、離脱も脱過激化もあくまで事後対応に過ぎない。ミーインクは今後、アリゾナ州やミシガン州北部のような場所が白人ナショナリズムの草刈り場になるのではないかと危惧している。例えば、ミシガン州の場合、大きな都市は州南部に集中しており、北部は農村が中心。北部ではローカル・ニュースといってもデトロイトやシカゴなど都市部のニュースが中心だ。そこで黒人絡みの殺人事件などが報じられると、普段、非白人と接する機会が乏しい農村部の人びとは自ずと黒人に恐怖心を抱くようになる。その恐怖心こそが白人ナショナリストの狙い目になるというわけだ（*Merion West*, August 17, 2018）。

加えて、「ライフ」の発起人らの世代までは、実際のメンバーとの交流を通して過激化していったが、デジタル・ネイティブ世代では、生身の人間を介することなく、オンライン上のみで過激化することも珍しくない。面白いミームや動画で知られる「アイファニー」（iFunny）や、関心トピックに応じて会話の相手をマッチングするアプリ「パーラー」（Parlor）などは、ごく一般の人びとも参加しており、それゆえ白人ナショナリストたちにとっても魅力的のようだ。ソーシャルメディアだけではなく、オンラインゲームも勧誘の主戦場になりつつある。

近年、「指導者なき抵抗」を地で行くような「一匹狼」型のテロが世界各地で起きているが、クライストチャーチやエルパソでの事件のように、オンライン上に投稿されたマニフェストが別のテロを誘発する現象も顕著になっている。また、サイモン・ウィーゼンタール・センターのスタッフが、数年前、強力な暗号化メッセージアプリを試したところ、わずか五分でシリアにいる過激組織「イスラム国」（ＩＳ）のメンバーとスマートフォンで会話できたという。

こうしたメディア環境の中、いかに過激化を予防できるか。シャーロッツビルでの事件後、フェイスブックやユーチューブ、ツイッターなどのプラットフォーマーが過激な投稿を野放しにしているとの批判が高まった。無論、露骨な場合はアカウント閉鎖やメッセージ削除などの措置も可能だが、「表現の自由」に抵触する、あるいは、そうした措置が投稿者の被害者意識を助長し、過激な言動に大義を与えてしまう恐れもある。投稿者が別のアカウントを開設する、あるいは検閲のないプラットフォームへ移行するなど、すでにいたちごっこの様相すら呈している。

そこで、目下、注目されているのは、特定のキーワードを入力すると、過激化を防止するサイトへと閲覧者を誘導する「リダイレクト」(redirect) の手法だ。例えば、「ライフ」はフェイスブックと提携し、“white supremacy”（白人の優位）などと検索入力すると「ライフ」のサイトが表示される仕組みを試行している。敢えて閲覧者の関心に逆張りするコンテンツや広告を表示することで、冷静な判断を促し、さりげなく行動をコントロールしようとする試みで、ユーチューブやグーグルでも取り組みが進んでいる。ヘイト投稿を通報すると一定のポイントを付与するサービスも考案中だ。ADLではオンラインゲームの運営者などにも協力を働きかける一方、教師や親への啓発プログラムも積極的に展開している。

ところで、トランプ政権になって打ち切られたのは「ライフ」への助成金だけではない。過激化防止のための研究拠点としてノースカロライナ大学（UNC）に与えられた助成金も然りだ。国土安全保障省で自治体や地域コミュニティによる脱過激派対策を支援する部署の専任スタッフは一六人から半減され、予算も二一〇〇万ドルから三〇〇万ドル以下へと大幅削減された。代わりに強化されたのはイスラム過激派対策で、主導したのは「ブライトバート・ニュース」の編集者からトランプ政権の国家安全保障担当副補佐官に抜擢されたセバスチャン・ゴルカだった。かねてよりオルトライトとの距離の近さが指摘されていた人物だ。

同氏の妻キャサリンも「ブライトバート・ニュース」と関わりが深く、反イスラム色の強い記事をしばしば寄稿していた。彼女は国土安全保障省の上級政策顧問、税関・国境警備局（CBP）の報道官に任命された。在任中、オバマ時代に用いられた「暴力的過激主義対策」（countering violent extremism）という表現を「イスラム過激主義対策」（countering radical Islamist extremism）に改めようとしたことで物議を醸した（*The Atlantic*, October 29, 2018）。

トランプ氏自身、シャーロッツビルでの衝突事件の際、「一方に悪い集団がいて、もう一方にも非常に暴力的な集団がいた。誰も言いたがらないが、私は今ここでそう明言する」と述べ、「責任は双方にある」との見方を示した。私が会った白人ナショナリストの多くはこの発言を自分たちの「勝利」と受け止め、支持拡大へ向けた大きな「追い風」になると歓迎

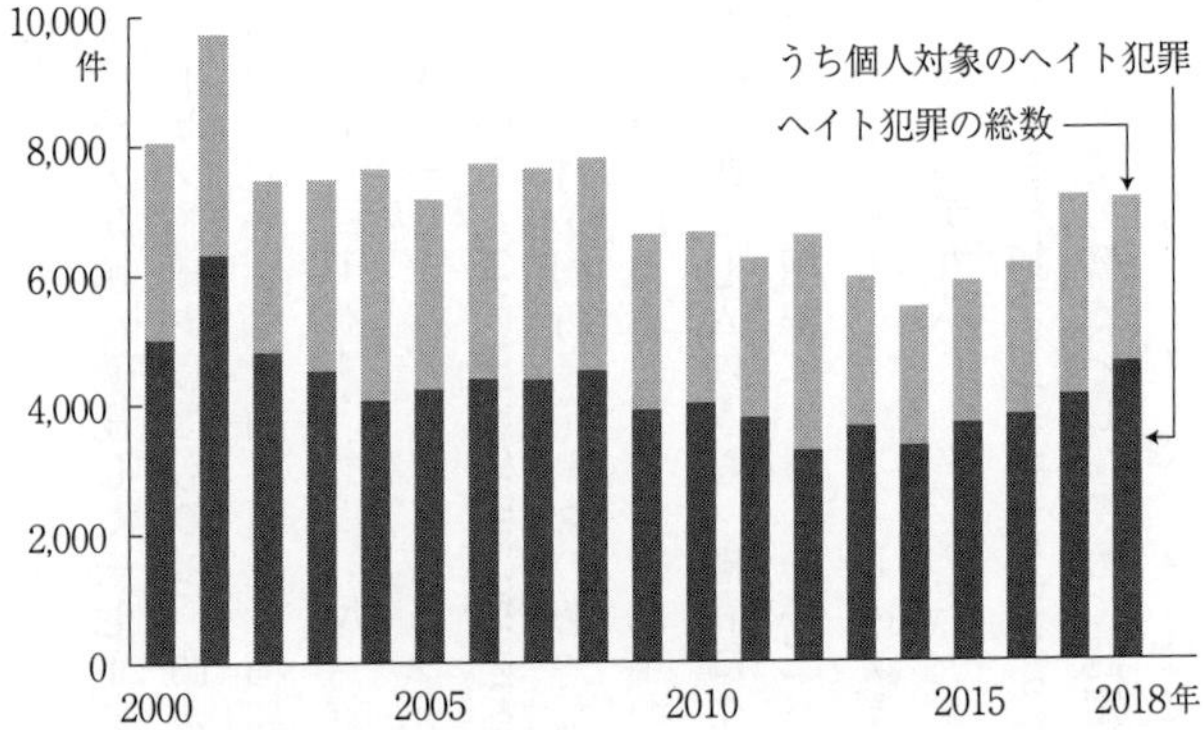


米国におけるヘイト犯罪数の変遷
出所：FBI, Hate Crime Statistics, 2018.

していた。トランプ氏本人が白人ナショナリストか否かは見解が分かれるが、「白人ナショナリストのように話す」という点ではほぼ一致している。

## グローバルリスクとしての白人ナショナリズム

セバスチャン・ゴルカはホワイトハウス在任中、ブライトバート・ニュースのラジオ番組に出演し、白人ナショナリズムは米国にとって問題ではないとの認識を示していた。シャーロッツビルの事件の三日前だった。トランプ氏もまた、白人ナショナリズムそのものは批判しつつも、クライストチャーチの事件後には、白人ナショナリズムの脅威が拡大しつつあるとの見方を否定している。

しかし、実際には確実に深刻度を増している。米連邦捜査局（FBI）によると、米国内のヘイト犯罪数は米同時多発テロのあった二〇〇一年の九七三〇件をピークに下降傾向にあり、一四年には五四七九件にまで減少したが、トランプ氏が大統領に就任した一七年には七一七五件にまで増加。一八年は七一二〇件と〇・七七パーセント減少したものの、個人を対象にしたヘイト犯罪は一四年の三三〇三件から一八年の四五七一件まで四年連続で増加し続けている。一八年の場合、ヘイト犯罪の動機としては反黒人（二七パーセント）、反ユダヤ（一二パーセント）、反白人（一一パーセント）、反男性同性愛（一〇パーセント）、反ヒスパニック（七パーセント）、反ムスリム（三パーセント）となっている（FBI, Hate Crime Statistics, 2018）。ちなみに、月別では、トランプ氏が当選した一六年十一月が同時多発テロのあった〇一年九月以降最多の七五八件を記録している。

ＡＤＬによると、二〇〇九年からの一〇年間に起きた、米国内の過激派による殺人事件の犠牲者四二七人のうち、極右によるものが七三パーセント、イスラム系によるものが二三パーセント、極左によるものが三パーセントとなっている。そして、極右のうち、七六パーセントが白人ナショナリストによるものだった。一八年の場合、犠牲者五〇人のうち、極右によるものが九八パーセントで、七八パーセントが白人ナショナリストによるものだった（ADL, *Murder and Extremism in the United States in 2018*）。一九年五月、ＦＢＩは極右の陰謀論を米国にとっての脅威として初めて認定した。

その一方、ホワイトハウスは二〇一八年十月に「対テロ国家戦略」と題する報告書を発表しているが、米国内の白人ナショナリズムや極右の過激派に関する言及は無に等しい。連邦議会では一九年四月、下院の司法委員会で「ヘイト犯罪と白人ナショナリズムの擡頭」に関する公聴会が開かれた。シャーロッツビルの事件後、この種のテーマとしては初の公聴会だったが、共和党議員や彼らが招いた参考人からは「アンティファではなく白人ナショナリズムについて議論するのはおかしい」「リベラル系メディアのトランプ批判は偏向している」といった批判が相次ぎ、党派対立の根深さを露呈する格好となった。

しかし、大学やシンクタンク、人権団体などによる国内テロに関する報告書は一様に、従来のテロ対策の焦点がイスラム過激主義に偏重しており、極右、とりわけ白人ナショナリストによる過激主義の脅威を看過してきた点を指摘している。二〇一九年九月、下院の国土安全保障委員会と外交委員会の合同小委員会で「国内外における白人ナショナリストのテロ」に関する公聴会が開かれたが、参考人のピッチョリーニは次のように警鐘を鳴らした。「白人ナショナリズムは急速に拡大しつつあるグローバルな運動で、メンバーは来るべき「人種戦争」に備えつつ、かつそれを仕掛けようとしています。米国人の安全を守るには私たちが直面している脅威を再定義する戦略が必要です」(*The Washington Post*, September 25, 2019)。

セキュリティ（安全保障）をめぐる問題は、もはや軍事や経済のみならず、文化（アイデンティティや価値）の面からも考察されなければならない時代になっている。

具体的な対策としては、監視強化、経済制裁、脱過激化プログラムや啓発教育の推進、企業や学校、地域、市民社会との連携、法整備、対策予算拡充などが広く提唱されている。また、白人ナショナリストの活動がグローバル化するなか、海外の関係機関との連携強化も急務となっている。例えば、SPLCは米国内のヘイト団体などに関する膨大なデータベースを有し、これまで民事訴訟で巨額の賠償金を勝ちとることで、「米国クラン連合」（UKA）や「アーリアン・ネーションズ」（AN）、「ホワイト・アーリアン・レジスタンス」（WAR）を解体に追い込むなどしてきた。米国有数の人権団体だが、オフィスはアラバマ州モントゴメリーのみ。そこで全米各地にネットワークを持つADL（本部ニューヨーク、ほか国内二四ヵ所とイスラエルに支部）、海外にも幅広いネットワークを持つサイモン・ウィーゼンタール・センター（本部ロサンゼルス、ほか国内三ヵ所と、さらにはカナダ、イスラエル、フランス、アルゼンチンに支部）と連携を図っている。米国内の関連団体が集う会議、さらには欧州の関連団体も交えた国際会議をそれぞれ二年に一度開催し、情報共有や人的交流を進めている。

とはいえ、専門家や「元」白人ナショナリストが口を揃えて強調するのは、大統領の言動の重要性である。カリフォルニア州立大学サンバナディーノ校の「ヘイトと過激主義に関する研究センター」（CSHE）のブライアン・レヴィン所長から聞いた話によると、二〇〇一年の米同時多発テロの直後、ジョージ・W・ブッシュ大統領がイスラム系へのヘイトを戒める演説を行った結果、翌年のイスラム系へのヘイト犯罪は三分の一に減少したという。逆に、トランプ氏がイスラム圏からの入国規制措置などを打ち出した二〇一七年からの一年間に、イスラム系へのヘイト犯罪は二一パーセント増加したという。一国の指導者の言葉はやはり重いということだ。

## カリフォルニア州の教訓

興味深いデータがある。二〇一八年にロイターがIPSOS（マーケティングリサーチ会社）やバージニア大学政治センターと行った共同世論調査によると、「ネオナチ」を強くまたは多少なりとも支持すると答えた米国人が五パーセントいた。「オルトライト」に対しては七パーセント、「白人ナショナリズム」に対しては八パーセントだった。さらに「現在、米国では人種的少数派が攻撃されている」という指摘に、強くまたは多少なりとも同意すると答えた人が五七パーセントだったのに対し、「現在、米国では白人が攻撃されている」に対しては四三パーセント、「米国は白人欧州の遺産を守るべき」三五パーセント、「結婚は同じ人種間に限るべき」一六パーセントだった。

この調査でもう一つ目を引くのは、「支持も反対もしない」または「分からない」と答えた人が、「ネオナチ」に関しては一九パーセント、「オルトライト」に関してが四五パーセント、「白人ナショナリズム」に関してが二九パーセントだった。また「同意でも不同意でもない」または「分からない」と答えた人が、「現在、米国では人種的少数派が攻撃されている」という指摘に関しては二一パーセント、「現在、米国では白人が攻撃されている」に関しては二一パーセント、「米国は白人欧州の遺産を守るべき」に関しては三二パーセント、「結婚は同じ人種間に限るべき」に関しては一八パーセントいたことだ。

別の言い方をすると、強くまたは多少なりとも反対すると答えた人は「ネオナチ」七六パーセント、「オルトライト」四八パーセント、「白人ナショナリズム」六三パーセント。「現在、米国では人種的少数派が攻撃されている」という指摘に、強くまたは多少なりとも同意しないと答えた人が二三パーセントなのに対し、「現在、米国では白人が攻撃されている」に対してが三七パーセント、「米国は白人欧州の遺産を守るべき」に対してが三二パーセント、「結婚は同じ人種間に限るべき」に対してが六五パーセントだったということだ（Reuters/Ipsos/UVA Center for Politics Race Poll, 2018）。

これらの数字は前年の同じ調査とほぼ同水準にある。広義の白人ナショナリズムを積極的に支持する声はごく少数派だとしても、それを完全に排除する政治風土にはなっていない。白人ナショナリズムに共感し得る――あるいはその感覚が顕在化ないし先鋭化し得る――潜在的な米国民はそれなりにいると理解すべきであろう。

二〇一七年八月、シャーロッツビルの事件直後に行われた『ワシントンポスト』紙とABCニュースの共同世論調査によると、トランプ氏の仕事ぶりを評価する米国人は三七パーセントだった一方、「ネオナチまたは白人至上主義の考え方は許容できるか」という問いに対しては九パーセントが許容できると答え、八パーセントが「考えはない」と答えている。トランプ支持者に限ると、一七パーセントが広義の白人ナショナリズムを許容、トランプ氏を「強く支持」する者に限ると、三〇パーセントが「許容する」または「考えはない」と答えている。かたや不支持者においては、わずか四パーセントである。（*The Washington Post*, August 22, 2017）。トランプ支持者の多くは白人ナショナリズムを否定しているが、両者の間に一定の親和性があることを示す内容だ。

今後、米国の白人ナショナリズムはどうなるのか。

私が今回ヒアリングを重ねた「現役」ならびに「元」白人ナショナリスト、そして人権団体関係者や専門家は、さらなる勢力増大ないし過激化の可能性を指摘する。少なくとも近い将来に減退ないし消滅すると考えている者は皆無だった。「レーガン政権が発足した頃、カリフォルニア州の人口の約三分の二が白人でした。それが今では約三分の一です。その一方で、カリフォルニアは全米で最も白人ナショナリズムが活発な地域の一つになりました。白人人口が減るにつれ、白人ナショナリズムは増大していったのです。この事実は米国の今後を考えるうえで示唆的だと思います」。ADLの担当者はこう述べていたが、ADLを罵る白人ナショナリストの側からも同じ論法をしばしば耳にした。全米で見ればまだ白人が多数派を占めている現在でさえ「白人大虐殺」(white genocide)や「壮大な乗っ取り」(great replacement)を憂慮しているのであれば、今後、過半数を割り込むとされる二〇四〇年代半ばに向け、さらに危機感を強めても不思議ではない。

## トライバリズムの時代

白人ナショナリズムの隆盛は現代米国においてより広い含意を有している。すなわち「米国の分裂」という問題である。

もっとも、分裂は今になって始まったことではない。建国以来、米国はつねに分裂しており、やや挑発的な言い方をすれば、一つにまとまらないことが彼の国の活力の源泉でもある。私が米国留学していた四半世紀前から党派対立は十分に熾烈だったが、米国史を繙けば、さほど稀有な現象でもない。暗殺が相次いだ時代もあった。

では、杞憂に過ぎないかというと、そうではない。近年の米政治は、従来とは異なり、共和党(保守)と民主党(リベラル)の双方が重なり合う領域、すなわち妥協の余地が少なくなっており、南北戦争以降、最も分裂した状態にあるとされる。

加えて、昨今の社会状況はトライバリズム（政治的部族主義、tribalism）の様相を呈している。トライバリズムとは、ここでは人種や民族、宗教、ジェンダー、教育、所得、世代、地域などの差異に沿って、各自が自らの集団の中に閉じこもることを指す。それだけなら目新しくはないが、最近の問題は自らの部族を「被害者」「犠牲者」と見なし、他の部族を制圧しようとする点にある。ソーシャルメディアがこうした傾向を助長している。

政治的指導者は国民融和を目指すのではなく、特定の部族（＝支持基盤）の利益のみを重んじ、抗う部族を徹底的に敵視する。そのためには、専門家の知見をものともせず、然るべき手続きや不文律も軽んじ、そのことを「強い指導者」の証として誇示する。対外的にも同じで、多国間主義を疎んじ、自国第一主義を鼓舞する。

確かに、建国以来、権威や権力に懐疑的な米国では、専門家ではない、一般市民の知見を尊重するレイマンコントロール（素人管理、layman control）の伝統がある。陪審員制度などはその典型だ。しかし、例えば、国家安全保障問題を専門とするトム・ニコルズ（米海軍大学校教授）は『専門知は、もういらないのか』（*The Death of Expertise*, 2017）において、近年、米国では専門家や専門知への敬意が失われ、正誤ではなく、好き嫌いによって政策を判断する風潮が強まっていると警鐘を鳴らしている。「客観的事実」なるものが消え去り、「部族」

ごとに異なる事実が存在し、専門知も一部族にとっての事実に過ぎないというわけだ。ニコルズは「私は低学歴の人びとを愛している」というトランプ氏の発言に注目。その求愛に応じるかのごとく、労働者層、とりわけ白人の多くもまた、ロシア疑惑やウクライナ疑惑があろうとも、同氏を固く支持し続ける。あたかも「トランプ部族」であるかのように。

その背景にあるのはグローバル化――移民の流入など人口構成の変化、中間層の縮小、経済格差の拡大など――に伴う、人びとの居場所の喪失感や不安、そして怒りである。多くの民主主義国家で世論の分断状況が進み、欧米では反グローバリズムを掲げるナショナリズム勢力が擡頭し、人権、平等、民主主義、多文化主義などに基づくリベラルな国際秩序が揺らいでいる。そこに過激主義や陰謀論の付け入る余地がある。白人ナショナリズムはその一例に過ぎない。

民主主義国家はトライバリズムを克服することができるのだろうか。断片化する世論の裂け目から民主主義が全体主義へと転落してしまった過去のドイツの事例はある。しかし、逆に、克服した事例はなかなか思い浮かばない。

そう考えると、いま、私たちが目の当たりにしている米国の分裂状況は、単に米国のみならず、民主主義そのものにとっての試練のように思える。

折しも欧米の一部では、リベラルな啓蒙理念そのものを否定する「新反動主義」、あるいは「暗黒啓蒙」と称される過激な思想が一部の注目を集め、二〇一九年には映画『ジョーカー』が全米で三億ドル、全世界で一〇億ドル以上を稼ぎ出す大ヒットになった。

コメディアンを目指す心優しき白人男性アーサー（ホアキン・フェニックス）が不遇と失意の中、殺人者になり、暴動を煽動する悪のカリスマへと変貌するさまを描いた同映画は冷笑的で、反リベラル的な加速主義の世界観に重なるものとして白人ナショナリストたちからも共感を呼んだ。若者に人気の極右の陰謀論者ポール・ジョセフ・ワトソンは「記憶に残る映画はほとんどないが、『ジョーカー』の息の詰まりそうな冷笑主義（claustrophobic nihilism）は他に類を見ないほど心に焼き付く。真に文化的な瞬間のように感じた。最近では極めて稀なことだ」と一〇〇万人以上のフォロワーに向けてツイートしている（二〇一九年十月十一日）。

米国内で新型コロナウイルス（COVID-19）の感染拡大が深刻化した二〇二〇年三月には、連邦防護局（FPS）が加速主義に感化された過激な白人ナショナリストによるコロナウイルスを使った治安当局や「非白人」へのバイオテロを警戒していると報じられた（Yahoo News, March 22, 2020）。また、ウイルスの影響で遠隔コミュニケーションが常態化する中、ビデオ会議アプリ「ズーム」（Zoom）使用中に反ユダヤ主義的な画像が突然表示されるサイバー攻撃が全米各地で多発した（*Jewish Journal*, April 1, 2020）。

しばしば指摘されるように、目下、リベラルな国際秩序は、力による現状変更すら厭わない権威主義国家による挑戦に晒されている。例えば、ロシアのプーチン大統領は、英『フィナンシャル・タイムズ』紙の取材に対し、「リベラルな価値観は時代遅れのものとなった。国民の大多数の利益と相反するものとなっている」「リベラルな価値観は消滅しつつあると考えている」と喝破している（*The Financial Times*, June 27, 2019）。

と同時に、それはトライバリズムが進む民主主義国家の内側からも蝕まれつつあるのかもしれない。白人ナショナリズムを看過できない理由がここにある。

# あとがき

本書は私にとって日本語による一〇冊目の単著になるが、これまでで最も難しい一冊だった。暗くて重い題材であると同時に、米国における人種差別の問題はすでに広く知られたテーマでもあるからだ。

それでも書かなければと思ったのは、異形のトランプ政権、そして米国の今後を理解するうえで、「白人ナショナリズム」の問題は避けて通れないと思ったからである。とりわけ二〇一七年八月のバージニア州シャーロッツビルでの「ユナイト・ザ・ライト」の集会、そして反対派との衝突事件は衝撃的だった。それまでも、二〇一四年にミズーリ州ファーガソンで丸腰だった十八歳の黒人少年が白人警察官に射殺されるなどした結果、人種間の緊張が高まり、「ブラック・ライブズ・マター」（BLM）のような黒人人権保護運動が注目を集めていた。しかし、「ユナイト・ザ・ライト」は白人の側からの抗議集会であり、しかも規模も大きかった。さらには、そうした白人極右に抗う極左団体「アンティファ」(anti-fascist)の活動も過激化した。

当時、NHKの番組『クローズアップ現代+』など多くのメディアから解説を求められたが、私の中でうまくつながらないパズルのピースが何枚かあった。

もともと私自身の研究者としての出発点は米国の白人社会のフィールドワーク(参与観察調査)だった。とりわけ、トランプ旋風の原動力になった白人労働者層は博士論文(二〇〇四年に『アフター・アメリカ』として刊行)のインフォーマント(調査対象者)の一つであり、そのなかには白人ナショナリストさながらの者もいた。それゆえ、感覚的には彼らの憤りが理解できなくもなかったが、若い世代を中心とした新興の極右勢力「オルトライト」には不可解な点が多かった。

そうして、自分の中でのピースをつなぎ合わせるべく、集中的に資料収集やヒアリングを始めた。

とはいえ、毎日のように白人ナショナリズムに関する記事や論考に目を通すのは、決して心躍る作業ではない。誇張ではなく、就寝中に見る夢の中身も少し変わった気がする。また、数多くの白人ナショナリストと接するにつれ、日々の生活で出会う白人が皆、ナショナリストのように思える瞬間もあった。本書の執筆が佳境を迎えていた二〇一九年秋、米国人類学会（ＡＡＡ）の年次大会で訪れたバンクーバー（カナダ）のパブで、私が日本人だと知ったバーテンダー（白人男性）が「日本は私が真っ先に訪れたい外国です。日本人は自国の伝統に誇りを持っていて素晴らしいです」と話しかけてきた。単なる社交辞令だったかもしれないが、白人ナショナリストの間に親日家が多かったこともあり、私は咄嗟に彼もその一人ではと疑った。これはもはや職業病かもしれない。そう感じた。

もちろん、日々遭遇する白人の圧倒的多数は白人ナショナリストではない。その事実に安堵する半面、なぜ白人ナショナリストではないのか、なぜそうならずにいられるのか、あるいはなぜ白人ナショナリズムを批判するのか、逆に不思議に思うようになった。これは明らかに職業病だろう。

米社会の全てを人種問題に結びつけて考えないよう、過度に白人ナショナリズムを意識しないよう、自らをどう律し、制御するか。今回のテーマに関してはいつも以上に研究者としての立ち位置やバランス感覚が試されていた気がする。

率直に言えば、私自身、白人ナショナリストの多くが唱える白人のエスノステートの建設にはまるで現実味を感じない。白人が米国の所有者であるかのような言説にも違和感を禁じ得ない。白人の権利を主張するのは理解できるとしても、そのために非白人を排除する、ときには暴力（人種戦争）すら肯定するのは言語道断だと思う。そもそも「人種」という科学的根拠の疑わしい概念で社会や人間を捉えること、さらに言えば、個人を特定の集合的カテゴリーと同一視することにも首を傾げざるを得ない。これらの点については幾度となく彼らと議論したが、互いの言葉が響き合うことはなかった。

その一方で、彼らと個人的に接する限りにおいて、危険ないし不快な経験は皆無だった。それどころか、実直で、礼儀正しく、友好的で、親切で、ユーモアある人がほとんどだった。それゆえ、彼らを一方的に断罪するだけの意見には抵抗を感じた。さらに言えば、かつて米国に暮らし、今も頻繁に往来する一人として、私自身、彼の国の「ポリティカル・コレクトネス」（PC）に窮屈さを感じないと言えば嘘になる。

このように両義的な感覚を抱きながらも、何はともあれ、本書では彼らの論理や世界観をまずは内側から「理解」することを心がけた。厳密な線引きは不可能だとしても、価値判断よりも分析を、評論よりも記述を重視した。

とはいえ、こうした姿勢に反撥を覚える向きがあるのも事実だ。

例えば、米国人の民族音楽学者ベンジャミン・タイテルバウム（コロラド大学ボルダー校准教授）は、過去一〇年以上にわたり、北欧のネオナチ系やスキンヘッド系のアーティストへのフィールドワークを行い、彼らのコンサートに足を運び、生活を共にし、打ち合わせやデモ集会に参加し、作品制作に協力するまでになった。社会通念に囚われない「非道徳的な人類学」（immoral anthropology）によってこそ、彼らへのより深い理解が可能になるというのが彼の持論だ。インフォーマントに可能な限り寄り添い、ときに良き擁護者になることが人類学者の伝統的な役割であり、マイノリティの場合にはそれが称賛され、白人ナショナリストの場合には非難されるのは二重基準というわけである。

タイテルバウムがそうした趣旨の論考を二〇一九年春に学会有力誌『カレント・アンソロポロジー』に投稿したところ、大きな論争を引き起こした（Benjamin R. Teitelbaum, "Collaborating with the Radical Right", in *Current Anthropology*, June 2019）。私が参加したバンクーバーの学会でも「白人ナショナリストを無害視しようとするものだ」「邪悪な集団と一緒に踊るのが人類学者の役割ではない」「最悪の文化相対主義だ」などの批判が挙がった。学術的な専門的見地から政治や社会の変革に関与する「アカデミック・アクティビズム」の伝統が強い米国においては、とりわけ挑発的な問題提起であったことは確かだ。

インフォーマントとの距離の取り方はつねに難しい。私としては、調査に応じてくれたことへの謝意を示しつつも、違和感を覚える点については表明し、直接的に彼らの活動を利する関わり方は避けたつもりだが、最終的には一人ひとりの読み手の判断に委ねるほかない。

そのうえで、敢えて三点ほど記しておきたい。

一点目は、白人ナショナリストを敵視すればするほど、彼らはかえって自らの大義の正しさを確信し、リベラルな社会体制、さらにはリベラルな国際秩序への不信を深めてゆくという点だ。例えば、私自身は米国におけるアファーマティブ・アクション（積極的差別是正措置）の理念に賛同する一人だが、その運用には改善の余地があると考えている。例えば、マイノリティといっても富裕層もいれば、白人といっても貧困層がいる。白人の貧困層や労働者層の子弟を取り巻く過酷な状況はもっと積極的に考慮されるべきだと考える。

二点目は、米国の人種問題を見つめる日本からの眼差しだ。文化的に同質性の高い日本から多民族国家・米国の人種状況を批判することは容易い。しかし、第1章で紹介したジャレド・テイラーの「もし日本に外国人が数百万単位で入ってきたら、日本人は違和感を覚えませんか？　それに異議を唱えたとき、「日本人至上主義者」や「人種差別主義者」というレッテルを貼られたらどう思いますか？」という指摘は重く受け止める必要があると思われる。振り返れば、二〇〇一年の米同時多発テロの直後、米国では国民の結束を訴える星条旗の掲揚が盛んになり、反イスラム感情が高まった。日本の一部からは「ナショナリズムの高まり」を危惧する声も聞かれた。しかし、仮にもしも東京の丸の内や皇居が同様の惨事に見舞われた場合、私たちはどこまで自制的に振る舞えるだろうか。米国を批判するのは良いが、自らを省みない他者批判はみっともない。

三点目は、今回の新型コロナウイルスの感染拡大が米国内のトライバリズムや白人ナショナリズムに与える影響だ。拙稿執筆中の現時点においてそれらを論じるのはあまりに時期尚早だが、人びとの生命と財産を脅かす危機的状況を前に、米国が民主主義社会としてのレジリエンスを回復してゆくと期待することは理論的には可能であろう。しかし、現実的にそうなるとは限らない。むしろ今後予想される雇用環境の急速な悪化や格差のさらなる拡大などにより、自らと異なる集団を敵視し、分断と恐怖を煽る風潮がますます先鋭化する可能性も否定できない。今回のコロナ禍が米社会をいかに変容させるのか。グローバリズムよりもナショナリズム、国際強調よりも自国第一主義を助長するのか。米国のソフトパワーとハードパワーをどう揺るがすのか。引き続き、注視してゆきたい。

ところで、本書は前著『リバタリアニズム』（中公新書）から約一年半という、比較的短い間隔での刊行となった。米政治のイデオロギーを整理する際、「社会的自由」（個人の自由や権利 vs. 集合的・道徳的価値）と「経済的自由」（大きな政府 vs. 小さな政府）を軸とする座標図が用いられることが多い（「ノーラン・チャート」〔一三五頁〕参照）。四つの象限のうち、「保守」と「リベラル」の対立関係はよく知られ、それぞれ共和党と民主党を支える思想的基盤になっている。それに対して、「リバタリアン」と「権威主義者」（「共同体主義者」「ナショナリスト」「ポピュリスト」などと称されることもある）の対立関係については、政治的な影響力が限定的であることから、これまでさほど注目を集めてこなかった。しかし、党派対立が激化し、二大政党制への幻滅が広がり、社会の閉塞感が深まるなか、リバタリアニズムと権威主義の求心力は確実に高まっている。

両者とも二大政党に批判的な点は共通する一方で、例えば、グローバル化への対応は真逆である（リバタリアンはボーダレス化、自由貿易、移民、文化的多様性などを原則支持）。民主主義国家の多くでグローバル化の波が既存の政党政治の枠組みや妥当性を揺さぶるなか、敢えてこの二つのイデオロギー、とりわけ草の根運動としての今日的状況について考察を加えた次第である。いわば『リバタリアニズム』の姉妹編として、米国理解のウィングを広げる一助になれば幸いである。

そして、この二部作ともいうべきプロジェクトの伴走役を務めてくれたのは中公新書編集部の小野一雄さんである。紳士的な風貌に違わず、誠実かつ丁寧な同氏の仕事ぶりに今回も大いに助けられた。ここに最大限の感謝と敬意を表したい。

二〇二〇年　沈黙の春の中で

渡　辺　靖

University Press, 2014.
Sabina Vaught, *Racism, Public Schooling, and the Entrenchment of White Supremacy*, State University of New York Press, 2011.
Jesse Walker, *The United States of Paranoia*, Harper, 2013.（ジェシー・ウォーカー『パラノイア合衆国』鍛原多惠子訳，河出書房新社，2015年）
Tim Wise, *Dear White America*, City Lights Books, 2012.
Leonard Zeskind, *Blood and Politics*, Farrar, Straus and Giroux, 2009.

Angie Maxwell and Todd Shields, *The Long Southern Strategy*, Oxford University Press, 2019.

Elizabeth Gillespie McRae, *Mothers of Massive Resistance*, Oxford University Press, 2018.

Tom Nichols, *The Death of Expertise*, Oxford University Press, 2017.（トム・ニコルズ『専門知は、もういらないのか』高里ひろ訳，みすず書房，2019年）

Ijeoma Oluo, *So You Want to Talk about Race*, Seal Press, 2018.

Nell Irvin Painter, *The History of White People*, W. W. Norton & Company, 2010.（ネル・アーヴィン・ペインター『白人の歴史』越智道雄訳，東洋書林，2011年）

Peggy Pascoe, *What Comes Naturally*, Oxford University Press, 2009.

William Luther Pierce, *The Turner Diaries*, Omnia Veritas, 2018［1978］.（『ターナー日記』未邦訳）

Birgit Brander Rasmussen, Irene Nexica, Eric Klinenberg, and Matt Wray, eds., *The Making and Unmaking of Whiteness*, Duke University Press, 2001.

Jean Raspail, *Le Camp des Saints*, R. Laffont, 1973.（『聖人のキャンプ』未邦訳）

Dorothy Roberts, *Fatal Invention*, The New Press, 2011.

Deborah Root, *Cannibal Culture*, Westview Press, 1996.

Ashraf Rushdy, *American Lynching*, Yale University Press, 2012.

J. Philippe Rushton, *Race, Evolution and Behavior*, Transaction Publishers, 1995.（J・フィリップ・ラシュトン『人種 進化 行動』蔵琢也・蔵研也訳，博品社，1996年）

Eli Saslow, *Rising Out of Hatred*, Doubleday, 2018.

Pete Simi and Robert Futrell, *American Swastika*, Rowman & Littlefield, 2009.

Akiba Solomon and Kenrya Rankin, *How We Fight White Supremacy*, Bold Type Books, 2019.

Alexandra Minna Stern, *Eugenic Nation*, University of California Press, 2005.

Alexandra Minna Stern, *Proud Boys and the White Ethnostate*, Beacon Press, 2019.

Lothrop Stoddard, *The Rising Tide of Color Against White World-Supremacy*, Ostara Publications, 2019［1920］.（ロスロップ・スタッダード『有色人の勃興』長瀬鳳輔訳，政教社，1921年）

Carol Swain, *The New White Nationalism in America*, Cambridge University Press, 2002.

Benjamin Teitelbaum, *Lions of the North*, Oxford University Press, 2017.

Jessica Trounstine, *Segregation by Design*, Cambridge University Press, 2018.

Joseph Uscinski, ed., *Conspiracy Theories and the People Who Believe Them*, Oxford University Press, 2018.

Joseph Uscinski and Joseph Parent, *American Conspiracy Theories*, Oxford

## 主要参考文献


Linda Gordon, *The Second Coming of the KKK*, Liveright Publishing Corporation, 2017.

Madison Grant, *The Passing of the Great Race,* Wentworth Press, 2019 [1916].（『偉大な人種の消滅』未邦訳）

Stuart Hall, Jessica Evans, and Sean Nixon, eds., *Representation*, SAGE Publications, 2013.

Richard Herrnstein and Charles Murray, *The Bell Curve*, Free Press, 1994.（『ベルカーブ』未邦訳）

Elizabeth Hinton, *From the War on Poverty to the War on Crime*, Harvard University Press, 2016.

Samuel P. Huntington, *Who are we?*, Simon & Schuster, 2004.（サミュエル・ハンチントン『分断されるアメリカ』鈴木主税訳，集英社文庫，2017年）

Noel Ignatiev, *How the Irish Became White*, Routledge, 1995.（『アイルランド系はいかにして白人となったか』未邦訳）

*The International Jew*, 1920–1922.（ヘンリー・フォード『国際ユダヤ人』島講一編・訳，徳間書店，1993年）

Nancy Isenberg, *White Trash*, Viking, 2016.（ナンシー・アイゼンバーグ『ホワイト・トラッシュ』富岡由美訳，東洋書林，2018年）

Matthew Frye Jacobson, *Whiteness of a Different Color*, Harvard University Press, 1998.

Ashley Jardina, *White Identity Politics*, Cambridge University Press, 2019.

Moon-Kie Jung, *Beneath the Surface of White Supremacy*, Stanford University Press, 2015.

Stephen David Kantrowitz, *Ben Tillman & the Reconstruction of White Supremacy*, University of North Carolina Press, 2000.

Ira Katznelson, *When Affirmative Action was White*, W. W. Norton & Company, 2005.

Kevin Kruse, *White Flight*, Princeton University Press, 2005.

Thomas Leonard, *Illiberal Reformers*, Princeton University Press, 2016.

George Lipsitz, *The Possessive Investment in Whiteness*, Temple University Press, 1998.

Ian Haney Lopez, *Dog Whistle Politics*, Oxford University Press, 2014.

Robert S. Lynd and Helen Merrell Lynd, *Middletown*, Harcourt, Brace, 1929.（R・S・リンド，H・M・リンド『ミドゥルタウン』中村八朗訳，青木書店，1990年）

Nancy MacLean, *Democracy in Chains*, Penguin Random House, 2017.

Terrance MacMullan, *Habits of Whiteness*, Indiana University Press, 2009.

Monica Muñoz Martinez, *The Injustice Never Leaves You*, Harvard University Press, 2018.

James Mason, *Siege*, Storm Books, 1992.（『攻囲せよ』未邦訳）

# 主要参考文献


Linda Martín Alcoff, *The Future of Whiteness*, Polity Press, 2015.

Michelle Alexander, *The New Jim Crow*, The New Press, 2010.

Carol Anderson, *White Rage*, Bloomsbury Publishing, 2016.

James Baldwin, *The Fire Next Time*, Michael Joseph, 1962.（ジェームス・ボールドウイン『黒人はこう考える』黒川欣映訳，弘文堂，1963年．のち改題『次は火だ』1965年）

Kathleen Belew, *Bring the War Home*, Harvard University Press, 2018.

Damon Berry, *Blood & Faith*, Syracuse University Press, 2017.

Kathleen Blee, *Women of the Klan*, University of California Press, 1991.

Kathleen Blee, *Understanding Racist Activism*, Routledge, 2017.

Eduardo Bonilla-Silva, *Racism without Racists*, Rowman & Littlefield, 2003.

Patricia Bradley, *Slavery, Propaganda, and the American Revolution*, University Press of Mississippi, 1998.

Bronze Age Pervert, *Bronze Age Mindset*, 2019.（『青銅器時代の思考態度』未邦訳）

Patrick Buchanan, *The Death of the West*, Thomas Dunne Books, 2001.（パトリック・J・ブキャナン『病むアメリカ、滅びゆく西洋』宮崎哲弥監訳，成甲書房，2002年）

Patrick Buchanan, *Suicide of a Superpower*, Thomas Dunne Books, 2011.（パトリック・J・ブキャナン『超大国の自殺』河内隆弥訳，幻冬舎，2012年）

Renaud Camus, *Le Grand Remplacement*, Chez l'auteur, 2011.（『壮大な乗っ取り』未邦訳）

Sarah Churchwell, *Behold, America*, Basic Books, 2018.

Ta-Nehisi Coates, *Between the World and Me*, Spiegel & Grau, 2015.（タナハシ・コーツ『世界と僕のあいだに』池田年穂訳，慶應義塾大学出版会，2017年）

N. D. B. Connolly, *A World More Concrete*, The University of Chicago Press, 2014.

Robin DiAngelo, *White Fragility*, Beacon Press, 2018.

David Duke, *Jewish Supremacism*, 2003.（『ユダヤ人至上主義』未邦訳）

Reni Eddo-Lodge, *Why I'm No Longer Talking to White People About Race*, Bloomsbury Circus, 2017.

Crystal Fleming, *How to Be Less Stupid About Race*, Beacon Press, 2018.

Eric Foner, *Reconstruction*（updated edition）, Harper Perennial Modern Classics, 2014.

Michelle Goldberg, *Kingdom Coming*, W. W. Norton & Company, 2006.

# 索　引

【ヤ行】



【ラ行】



【ワ行】

# 索　引

渡辺 靖（わたなべ・やすし）

1967年（昭和42年），札幌市に生まれる．97年ハーバード大学大学院博士課程修了（Ph.D.社会人類学）．ハーバード大学国際問題研究所，オクスフォード大学シニア・アソシエート，ケンブリッジ大学フェローなどを経て，2005年より慶應義塾大学SFC教授．専門はアメリカ研究，文化政策論．日本学術振興会賞，日本学士院学術奨励賞受賞．

著書『アフター・アメリカ』（慶應義塾大学出版会，2004年．サントリー学芸賞，アメリカ学会清水博賞，義塾賞受賞）
*The American Family*, University of Michigan Press & Pluto Press, 2005.
『アメリカン・コミュニティ』（新潮社，2007年）
『アメリカン・センター』（岩波書店，2008年）
『アメリカン・デモクラシーの逆説』（岩波新書，2010年）
『文化と外交』（中公新書，2011年）
『〈文化〉を捉え直す』（岩波新書，2015年）
『リバタリアニズム』（中公新書，2019年）など

編著 *Soft Power Superpowers*, M. E. Sharpe, Inc., 2008, 『現代アメリカ』（有斐閣，2010年），*Handbook of Cultural Security*, Edward Elgar Publishing, 2018 など

白人（はくじん）ナショナリズム
中公新書 *2591*

2020年 5 月25日発行

著 者 渡 辺 靖
発行者 松 田 陽 三

本文印刷 暁 印 刷
カバー印刷 大熊整美堂
製 本 小 泉 製 本

発行所 中央公論新社
〒100-8152
東京都千代田区大手町1-7-1
電話 販売 03-5299-1730
編集 03-5299-1830
URL http://www.chuko.co.jp/



Published by CHUOKORON-SHINSHA, INC.
Printed in Japan ISBN978-4-12-102591-3 C1236

# 中公新書刊行のことば

一九六二年一一月

　いまからちょうど五世紀まえ、グーテンベルクが近代印刷術を発明したとき、書物の大量生産は潜在的可能性を獲得し、いまからちょうど一世紀まえ、世界のおもな文明国で義務教育制度が採用されたとき、書物の大量需要の潜在性が形成された。この二つの潜在性がはげしく現実化したのが現代である。

　いまや、書物によって視野を拡大し、変りゆく世界に豊かに対応しようとする強い要求を私たちは抑えることができない。この要求にこたえる義務を、今日の書物は背負っている。だが、その義務は、たんに専門的知識の通俗化をはかることによって果たされるものでもなく、通俗的好奇心にうったえて、いたずらに発行部数の巨大さを誇ることによって果たされるものでもない。現代を真摯に生きようとする読者に、真に知るに価いする知識だけを選びだして提供すること、これが中公新書の最大の目標である。

　私たちは、知識として錯覚しているものによってしばしば動かされ、裏切られる。私たちは、作為によってあたえられた知識のうえに生きることがあまりに多く、ゆるぎない事実を通して思索することがあまりにすくない。中公新書が、その一貫した特色として自らに課すものは、この事実のみの持つ無条件の説得力を発揮させることである。現代にあらたな意味を投げかけるべく待機している過去の歴史的事実もまた、中公新書によって数多く発掘されるであろう。

　中公新書は、現代を自らの眼で見つめようとする、逞しい知的な読者の活力となることを欲している。

中公新書

## 哲学・思想



1 日本の名著(改版) 桑原武夫編
2187 物語 哲学の歴史 伊藤邦武
2378 保守主義とは何か 宇野重規
2522 リバタリアニズム 渡辺 靖
2288 フランクフルト学派 細見和之
2300 フランス現代思想史 岡本裕一朗
2036 日本哲学小史 熊野純彦編著
832 外国人による日本論の名著 佐伯彰一・芳賀 徹編
1696 日本文化論の系譜 大久保喬樹
312 徳川思想小史 源 了圓
2097 江戸の思想史 田尻祐一郎
2276 本居宣長 田中康二
2458 折口信夫 植村和秀
2535 事大主義―日本・朝鮮・沖縄の「自虐と侮蔑」 室井康成
1989 諸子百家 湯浅邦弘
36 荘 子 福永光司
1695 韓 非 子 冨谷 至
1120 中国思想を考える 金谷 治
2042 菜 根 譚 湯浅邦弘
2220 言語学の教室 西村義樹・野矢茂樹
1862 入門! 論理学 野矢茂樹
448 詭弁論理学(改版) 野崎昭弘
593 逆説論理学 野崎昭弘
1939 ニーチェ―ツァラトゥストラの謎 村井則夫
2257 ハンナ・アーレント 矢野久美子
2339 ロラン・バルト 石川美子
674 時間と自己 木村 敏
1829 空間の謎・時間の謎 内井惣七
814 科学的方法とは何か 浅田彰・黒田末寿・佐和隆光・長野敬・山口昌哉
2176 動物に魂はあるのか 金森 修
2495 幸福とは何か 長谷川 宏
2505 正義とは何か 神島裕子
2203 集合知とは何か 西垣 通
2591 白人ナショナリズム 渡辺 靖
2594 マックス・ウェーバー 野口雅弘

## 政治・法律

中公新書

## 地域・文化・紀行

t 2